NPOs in TaiWan
台湾非营利组织

王 名　李 勇　/编著
黄浩明　廖 鸿

社会科学文献出版社
SOCIAL SCIENCES ACADEMIC PRESS (CHINA)

序 一

  十年前，我们下决心陆续出版一套境外非营利组织的系列出版物，为国人了解境外非营利组织提供帮助。这是这套系列丛书的第六本。我们花了两年时间，基于实地参访、调研观察及粗浅认识，并得到许多朋友的大力帮助，终于完成了《台湾非营利组织》这本书。借新书付梓，我也系统回顾和梳理一下多年来与台湾非营利组织及各位同仁之间的不解之缘，整理一下我所理解的台湾非营利组织及其启示，以为序。

一

  先谈谈我与台湾非营利学界的缘分和交情。

  我最早接触台湾非营利组织是1999年。那一年我们举办了中国首次非营利组织国际研讨会，邀请来自台湾喜玛拉雅基金会的江显新、高永兴两位先生。年事已高但热情优雅的江执行长令人肃然起敬，年轻稳重而坦率真诚的永兴副执行长使人一见如故。我与他们后来成为朋友。基金会不仅资助我们开展多个公益项目，还邀请我们访台交流。2002年仲夏之际，我和国胜第一次来到美丽的台湾。在一周多时间里，我们先后出席了喜玛拉雅基金会和台湾大学社会科学院举办的"两岸非营利组织学术研讨会"、"非营利组织之研究与教学座谈会",以及暨南国际大学举办的"重建区非营利组织座谈会",走访了台湾大学、台湾政治大学、暨南国际大学的相关院系,拜会了喜玛拉雅基金会的韩效忠董事长,参访了由台湾富邦集团创设支持的富邦文教基金会和富邦慈善基金会,与著名的荒野保护协会李伟文理事长进行了亲切交流,结识了海棠文教基金会的陆婉萍执行长,见到了在大陆长期开展公益活动的台湾双溪启智文教基金会的方武与李宝珍夫妇,等等。台湾非营利学界的知名学者如萧新煌、司徒达贤、朱云汉、江明修、冯燕、官有垣、顾忠华、黄秉德、陈思馨等诸位教授,都因此行而与我们相识并成为好友。

后来我每隔一两年都去台湾参访一次,有时因会,有时因人,有时受邀,有时顺访,也经常有台湾朋友来访接待,有时一学期要接待好几拨。我还邀请台湾中正大学的黄德舜教授来清华访学,还在他的盛邀下第一次抛开工作、携母亲和家人赴台探亲访友。我和台湾非营利学界的几乎每一位教授都交往甚好,除在研究上、观点上切磋交流外,偶尔亦把酒言欢,品茶叙旧,结伴长走,禅修素行,结下了深厚的友情。

我在《我行我素》一书中描写了我与明修、德舜两位教授的交情,称他们是"我在台湾的两位师友"。"我们都在大学任教,在两岸为人师表,有缘相遇,有同好志,亦持好相友。"

有了这样的缘分和交情,使得我对台湾的非营利组织不仅有更多了解,更有深深的情结。

二

其次,谈谈我对台湾非营利组织的认知。

台湾非营利组织的蓬勃发展始于20世纪80年代后期的"解严"。1987年7月15日,蒋经国先生解除了实施38年的戒严令,台湾的政治民主化、经济市场化和整个社会的公民社会化同步启动,各种形式的非营利组织如雨后春笋般蓬勃发展起来。经过三四十年的发展演变，如今我们看到的台湾非营利组织，总体水平与大陆相比要成熟许多。一言以蔽之，台湾非营利组织既有度，又有力，具体体现在如下六个方面：

一是台湾非营利组织有文化热度。文化热度体现在对文化的热爱、浸润、深耕、忘我的投入、狂热的追求、创意的表现等许多方面，也体现在以文化为原点的文创产业的蓬勃发展上。无论传统文化还是当代文化，无论原乡文化还是流行文化，许多台湾非营利组织身上流溢着发自本源、由内向外、土生土长、活灵活现的人文化成的创意和精神，这成为台湾文创产业风行世界的一大优势。

二是台湾非营利组织有信仰高度。信仰代表着价值观，是非营利组织的灵魂，但有时难免会失之于宗教性。你会发现有宗教背景的台湾非营利组织的确不少，但是普遍重视信仰并基于信仰而产生巨大的公益原动力，形成广泛、庞大而持续的社会号召力和影响力，则是台湾非营利组织有别于大陆及其他社会非营利组织的一道亮丽的风景线。

三是台湾非营利组织有社区深度。来自社区、扎根社区、深耕细作并引领社区营造，是许多台湾非营利组织的另外一大特色。20世纪80年代以来的社区营造，为台湾非营利组织的发展提供了丰沃的土壤和自由的社会生态，各种公共资源的导入、积极的公民参与和宽松的制度环境，则为其成长注入活力，使得他们身上带有浓重的乡土及草根气息。

四是台湾非营利组织有专业能力。无论是环保、救灾还是社区营造，无论是募款、养老还是青少年服务，无论是面向特殊人群还是面向不特定多数的社会大众，注重专业能力建设并形成专业团队的优势，做事情一丝不苟，对问题穷追不舍，搞服务细致周到，是许多台湾的非营利组织的生命力之所在。

五是台湾非营利组织有市场营力。敢用、善用并巧用市场手段，包括努力形成核心竞争力，参与各种形式的市场竞争，积极与企业合作共赢，创造价值和积累财富，探索形成多种形式的市场机制等，非营利但并不缺乏市场的经营能力和盈利机制，也是许多台湾非营利组织的一大亮点。

六是台湾非营利组织有创新活力。近年来，台湾版的文创产业、社会企业不仅风靡大陆，也引起了世界范围的广泛关注。台湾各种形式的社会创新和公益创投都活力四射、特色鲜明，与文创产业相映成辉。这种创新活力其实并不限于某一领域或者某种类型的非营利组织，可以说弥漫在台湾非营利组织的整个生态中。

因此，以我之浅见，台湾非营利组织身上较为普遍地具有文化热度、信仰高度、社区深度、专业能力、市场营力、创新活力，这"三度三力"足显其整体的成熟程度，值得大陆的非营利组织关注学习和交流借鉴。

三

再次，谈谈我对两岸非营利组织交流合作的期许。

近二十年来，我之所以一直关注台湾非营利组织，背后的直觉和动机即在于我认定同根同源且面对相似的问题、处于相近的发展阶段的两岸非营利组织，是彼此具有许多可比性、相互关照性乃至学习借鉴性的。近年来，我围绕两岸非营利组织开展了一些相关研究，益发增强了这种判断和认知。本书也正是基于这种思路开展研究的成果之一。

对于大陆的非营利组织来说，台湾的非营利组织在一定意义上算"过来人"，无论社区营造，慈善捐赠，还是灾害救援及重建，养老服务，环境、生态、动物保护；无论族群社团、青少年服务、残障人互助公益，还是各种形式的俱乐部、读书会、兴趣团体；无论农协、工会、商会，还是同学会、同友会、同业公会；无论佛教社团、基督教服务社，还是道教、会道门等各种宗教的社会服务机构；也无论是文创机构还是社会企业，台湾的许多非营利组织不仅历史比大陆悠久，且经历更丰富曲折，说得上是曾经沧海，也称得上是应运而生。不管是自主发展，还是参与购买服务与官方合作，不管是扎根社区还是建立遍及台湾全境的网络，不管是与企业深度合作还是独立经营，不管是内向于本土还是走出去，台湾的许多非营利组织都堪称经验丰富，方法娴熟，人脉广泛，手段老到。这些种种，都值得大陆的非营利组织在交流互动中学习借鉴。

对于台湾的非营利组织来说，大陆的非营利组织不仅是新生力量，更是处在持续发展和转型中巨大经济体及社会体的最为活跃的分子，是当下互联网、大数据和人工智能等新兴科技发展及应用时代的产物，中国大陆的经济持续发展、社会全面转型和新兴科技的发展应用，为非营利组织提供了前所未有的发展机遇和严峻的挑战。面对机遇和挑战，许多大陆的非营利组织都有强烈的危机感、学习意识特别是合作需求，这对许多台湾非营利组织来说，不能不说是拓展空间、探索合作、建立网络的大好时机。近年来，包括慈济功德会等越来越多的台湾非营利组织来到大陆，寻求合作并探索发展，也有越来越多的大陆非营利组织来到台湾交流合作。

非营利组织因其具有非政治性、非政府性和公益性等特征，在两岸交流合作中具有特别重要的作用。

行文到此，我们刚结束了最近一次台湾之行，作为发起和协办单位参与了由政治大学和法鼓文理学院共同主办的第二届世界公益学论坛，来自大陆、港台和新加坡等地的近百位知名学者和公益领袖汇聚台北和法鼓山，围绕"社会价值与社会影响力"、"公益慈善与第三部门"、"社会企业与社会创新"三大主题展开深入研讨，共有34位学者登台发表学术观点及点评，17位公益领袖分享了实践案例，可谓观点纷呈、精彩连连。

在论坛开幕式上，主办方政治大学社会科学学院院长江明修教授介绍了论坛的缘起，世界公益学论坛由大陆、港澳台和世界各地致力于公益慈善研究的华人学者倡议发起，缘起于两年前在清华园的一次晨练。继2016年9月于清华大学举办首届以来，引起了广泛关注，在有关各方的大力支持下首次在台湾举办，借以推动公益慈善学术界和实践界的交流互动，搭建大陆与港澳台相关学术研究与对话的网络平台。台湾大学冯燕教授在开幕式上致辞，表达了对世界公益学的惊喜和殷切期许，提出"活出公益，活出人心"的愿景；法鼓文理学院释惠敏院长以"心灵环保与社会价值"为题发表主旨演讲，他引释日本京都一处铭文中"照千一隅，此则国宝"一句，强调公益的本质在于"守一隅，照千里"，净化心灵，利他益民。中国人民大学康晓光教授提出"超慈善"的概念，表达对中国大陆近年来呈现出的种种"后现代慈善"现象及其趋势的关注和分析；北京大学金锦萍副教授以"为什么非得非营利组织？"为题探析了合约失灵条件下公共服务的提供机制；苏州大学张潮副教授探讨了中国大陆弱势群体的公共表达及倡导策略；著名社会企业残友集团创办人郑卫宁先生以亲身经历阐释了在公益与市场结合上的成功探索及心得。我在论坛闭幕式上发表致辞，感怀照千一隅的公益精神不仅照亮社会，更照亮人心，提升生命的价值。

两岸关注非营利组织的学者和实践者以公益和文化为主题，通过论坛的形式深度交流、切磋心得、探求共识，进而超越当下、达成合作、共创未来，这也是我们"守一隅，照千里"的本分之举。

期待本书在一定程度上也发挥光源体的作用，照千一隅，为非营利组织的发展做点分内之功。

收笔之际，谨向参与本书调研、写作、统稿的各位同仁问候并致谢，这是诸位辛劳共创之作，能与各位共事我深感荣幸。还请大家包涵我和各位主编工作中的不足，也请谅解此书在编辑出版上的拖延之过。同时，感谢社科文献出版社的各位同仁，特别感谢施永青基金的慷慨资助。

王名

2018年1月17日于红螺山庄

序　二

　　寒冬腊月，送走年度最后一批参加培训的学员，红螺山庄幽谷般的寂静。清华大学公益慈善研究院王名院长带着《台湾非营利组织》书稿清样来访，嘱我审稿并写序言，不得不从，更不敢懈怠，满怀敬意和感动。

　　二十年前第一次到台湾，带团参加"两岸版权交流与合作研讨会"，见到的台湾人自我介绍，每个人或是理事长，或是董事、监事、理事，或是会长，每个人都是"官"；出席宴请发现宴请都是社会团体安排的；不管大会小会都会安排一大堆"官"致辞，那是我对台湾社会最初的感性认知。

　　台湾有近 6 万个非政府组织，理事长、董事长、名誉理事长、名誉董事长加起来有 10 万人，有超过 300 万人以各种形式参与各种非营利组织，人数超过公职人员，台湾的"官"大多都出自非政府组织。在台湾有 30 个人就可以组成协会，有 500 万台币就可以设立基金会，成为社团法人的理事长或财团法人的董事长，的确是一件容易的事情。

　　随着参与两岸交流的增多、了解台湾社会的深入，我对台湾非政府组织的重要性认识更加深刻，套用一句学术性的语言表达：台湾非营利组织与官方、企业并列成为台湾社会发展的重要组成部分。

　　不能正确认识、理解、尊重台湾非营利组织，就不可能真正认识台湾社会力、不可能真正了解台湾与大陆社会的不同、不可能理解台湾同胞当家作主"出头天"的意识、不可能尊重台湾现行的社会制度和台湾同胞的生活方式，就会影响和阻碍两岸关系的和平发展。

两岸关系中最广泛的"关系"，应该是两岸非营利组织间的关系。

《台湾非营利组织》一书使我对台湾非营利组织有了以下理性的认知：1. 台湾非营利组织有一个不断完善的地方性法规体系做保障；2. 台湾非营利组织得到优惠的税收政策支持；3. 台湾非营利组织发展得到当局大力扶持；4. 台湾的社会企业带动非营利组织发展的同时自身也得到发展；5. 台湾非营利组织是社区整体营造中的重要角色；6. 台湾非营利组织使台湾身心障碍者权益得到保障；7. 台湾非营利组织将会伴随台湾社会的发展而不断发展。

感谢本书作者，为两岸关系和平发展作出的特别贡献，并给了我一次理论学习和深入思考的机会。

突然又伤感起来，已经两年没有去台湾了，曾经一年去过六次。

今天是农历小年，春节到了，春天到了。

期盼自在、无惧地迈进新时代两岸关系的春天，深情、优雅地拥抱台湾那些亲如兄弟姐妹的"官"们。

王杰

2018年2月8日

目　录

第一章　台湾非营利组织的发展及规制史 …………………… 1
  1.1　发展与规制史 ……………………………………………… 2
  1.2　现状与特征 ……………………………………………… 12
  1.3　未来趋势 ………………………………………………… 21

第二章　台湾的宗教与慈善文化 …………………………… 26
  2.1　台湾宗教发展轨迹及多元局面的形成 ………………… 28
  2.2　以信仰为核心的台湾宗教慈善的谱系、结构、
       实践与意义 …………………………………………… 35
  2.3　结语：看人看我 ………………………………………… 47

第三章　台湾非营利组织"法律"体系 …………………… 50
  3.1　台湾非营利组织及其"法律"规范的变迁 …………… 51
  3.2　台湾非营利组织"法律"体系的内容 ………………… 53
  3.3　官方和非营利组织的合作 ……………………………… 61

第四章　台湾税制与非营利组织税收政策 ………………… 64
  4.1　台湾税制 ………………………………………………… 64
  4.2　台湾非营利组织税收政策 ……………………………… 68

4.3 关于目前台湾非营利组织税收政策的主要问题 ············ 74

第五章 台湾非营利组织的登记制度 ············ 76
5.1 台湾"民法"中关于法人的规定 ············ 77
5.2 台湾非营利组织的类别 ············ 81
5.3 台湾非营利组织登记 ············ 85

第六章 台湾当局对非营利组织的支持体系 ············ 96
6.1 台湾当局和非营利组织关系的历史演变 ············ 96
6.2 台湾当局对非营利组织支持现状 ············ 103
6.3 台湾当局对非营利组织支持的特点 ············ 115
6.4 台湾当局与非营利组织关系变化原因浅析 ············ 117

第七章 台湾的义工与社工 ············ 121
7.1 义工与社工的发展历史 ············ 122
7.2 义工的管理体制 ············ 125
7.3 义工的发展现状 ············ 129
7.4 社工的管理体制 ············ 134
7.5 社工的发展现状 ············ 139
7.6 台湾义工与社工的发展特点 ············ 143

第八章 台湾的社会企业 ············ 146
8.1 发展历程 ············ 146
8.2 发展概况 ············ 152
8.3 政策环境 ············ 156
8.4 发展趋势 ············ 158

第九章　台湾非营利组织与社区营造 …………………… 161
　9.1　台湾社区营造的背景与历程 ………………………… 161
　9.2　台湾社区营造的理念与做法 ………………………… 171
　9.3　非营利组织在社区营造中的角色 …………………… 178
　9.4　台湾社区营造对大陆的启示 ………………………… 184

第一章　台湾非营利组织的发展及规制史

王名　李勇[*]

【本章摘要】 本章从历史的角度对二战后台湾非营利组织的发展及规制进行了简要阐述。台湾非营利组织的发展及规制史映射了台湾政治改革、经济发展和社会多元化的历史。台湾非营利组织经历了传统慈善救济、萌芽、蓬勃发展及多元化、专业化四个阶段，形塑了现在台湾非营利组织的角色、功能以及特征。基于政治民主化、社会多元化、经济自由化的需要，台湾非营利组织的发展仍有很大的空间。

任何国家或地区非营利组织的发展无不与其政治、经济和社会发展的本土性特征相联系，同时也受到全球化的影响。由此，从不同的维度来观察台湾非营利组织的发展，会呈现出不同的历史、结构、关系景观。从政治角度来看，台湾对非营利组织的认知与管理，经历了从军事独裁、威权统治到民主政治的政治历史脉络，以及政治主体之间的权力关系转移与分享、治理手段的多元化和协同性的民主"宪政"发展过程；从经济的角度来看，台湾经历了从农业经济到工商经济转变后社会结构随之而来的改变，并由此逐渐形成自主性、多元性的社会自组织的变革；从社会的角度来看，"台湾从战后到迈进二

---

[*] 王名，清华大学公共管理学院教授，公益慈善研究院院长；李勇，清华大学公益慈善研究院副院长。

十一世纪的社会变迁过程当中,所展现的重要趋势特质之一,就是台湾社会多元的逐渐形成与成熟"。① 呈现出一旦社会力被释放,社会多元化、社会运动、社会再组织化必会带来的经济、政治的深层次变革,成为一种不可逆转的发展趋势;从全球化的角度来看,台湾地区在其中特别是在全球经济链条中的定位、与其他国家和地区尤其是美国和中国大陆的关系,呈现出国际化、区域化的趋势。

1.1 发展与规制史

二战后台湾非营利组织的发展可以分为四个发展阶段:第一阶段是 1949~1960 年间的传统的慈善救济阶段;第二阶段是 1961~1980 年间的萌芽阶段;第三阶段是 1980~2000 年间的蓬勃发展阶段;第四阶段是 2000 年后的多元化、专业化阶段。四个发展阶段依次呈现出政治权力、经济权力与社会权力的兴起以及三者之间的关系变革。

1.1.1 传统慈善救济阶段:1949~1960 年

这一阶段典型的特征是非营利组织的主要活动领域是传统的慈善救济,无论是传统的民间慈善团体,还是官办慈善机构;同时国际非政府组织开始进入台湾地区。

随着国民党政权从大陆撤退至台湾,对日据时期的非营利组织一方面接收调整、解散、改组或合并,另一方面,实行威权统治,非营利组织的成立与运作必须有利于政治体制与意识形态的认同。② 在此期间,职业和社会团体一直是国民党的政策重点,主要针对工会、农会、商会和职业团体等次级社团。以农会和渔会为例,这一时期台湾

---

① 黄世明:《台湾全志·卷九·社会志·社会多元化与社会团体篇》,"国史馆"台湾文献馆,2006,第 34 页。
② 黄世明:《台湾全志·卷九·社会志·社会多元化与社会团体篇》,"国史馆"台湾文献馆,2006,第 46 页。

的社会经济形态仍然以农业为主，人口以农民居多，农会的组织框架与运作比较成熟，20世纪50年代以前有270个农会，1980年增加至301个，之后农会数量保持基本稳定；而渔会自20世纪60年代组织架构和运作确定后，其数量几无变化。

同时，因应政策和社会发展的需求成立官方慈善机构，如1948年成立了第一所官办育幼院——"台湾省立台中市儿童育幼院"，在台南市成立了"台湾省妇女教养所"。朝鲜战争爆发以后，台湾开始接受美国政府和国际非政府组织的援助，如基督教儿童福利基金会香港分会在台湾开办的第一所从事家庭式教养的"光音育幼院"，致力于收容照顾遭受家庭变故失去亲人的贫困儿童。

这一时期，台湾非营利组织发展的特点是：在组织上，传统民间慈善团体与官办非营利组织并存，以后者为主；在功能上，主要发挥传统的贫困救助功能；在服务上，提供社会福利服务的公共部门自1950年开始引进社会工作专业服务模式，国际非营利组织开始进入台湾。在这个阶段，台湾社会是一个"平铺散漫而社会力沉滞的社会"，政治权力掌控一切。

与此同时，国民党当局一方面在企业、学校、人民团体等机构中进行党务改造，建立党团组织，透过排他性统合主义的架构控制与渗透非营利组织；另一方面通过利益交换形成侍从网络，强化控制与支配社会中的组织性资源。①

1.1.2　萌芽阶段：1961~1980年

这个时期，最典型的特征是经济迅速发展，经济力量对政治权力的影响逐渐增加，也推动与经济有关的非营利组织的发展。同时，由于国际政治地位的变化，国民党当局开始推动各种社会福利政策以巩固政权的合法性基础。

在政治上，威权统治的建立与巩固使得任何社会空间、社会力

---

① 何明修、萧新煌：《台湾全志·卷九·社会志·社会运动篇》，"国史馆"台湾文献馆，2006，第47页。

量均依附于政治权力而存在。自上而下的社会改造与发展更多的是注重其作为工具的重要性,如20世纪60年代开始的社区发展在1965年作为福祉政策被提出,注重硬件建设,未能动员地方社会的草根力量积极参与。非营利组织的重要性更多体现在作为协助者的工具性角色上。同时,政治力量不断成立社会组织以形成执政基础,如1954年"救国团"正式成立,之后完全渗透至青年学生组织之中,并于1964年登记为"行政院"督导的社会运动机构。20世纪70年代,台湾外部环境的变化对台湾原有的政社关系带来重大挑战。1971年中华人民共和国恢复联合国合法席位,国民党当局被驱逐出联合国;1979年中美建交;1979年高雄发生美丽岛事件等。一系列内外交困政治事件的冲击,台湾在国际上变得孤立,国际援助逐渐退出,岛内社会人心思变,国民党当局的合法性基础出现动摇。知识分子要求政治改革的声浪不断增大,学生的保钓运动、《大学杂志》显现的知识界的改革需求、《美丽岛杂志》的创停刊等,逐步显现公共领域的雏形。国民党当局无法继续维持威权体制,于1980年通过"老人福利法"、"残障福利法"、"社会救助法"、"私立学校教职员保险条例"等以安抚民心。

在经济上,20世纪50年代末期经历的台湾经贸改革、自由化以及20世纪60年代中期美援的中止,推动了台湾经济从战时经济转向注重长期经营和发展的平时经济,并推动了台湾都市化、工业化的重大社会变迁。1965年开始的"民生主义现阶段社会政策",推动了经济从进口替代工业化转为出口替代工业化,经济开始腾飞。在这个阶段,资本主义与政府主导角色相结合,"国营"企业、"国营"事业在经济发展过程中扮演火车头角色。20世纪70年代中小企业快速发展,经济力的增强促生社会力的萌芽。

与经济相关的非营利组织的增长成为这一时期的典型特征。从1971年至1980年,全台湾的工会总数增加了170个,县市级工会总数增加了583个。同时,由于财力的增加,进入台湾的国际非营利组织开始从"移植性"的社会服务组织为主转向"外援组织在地化"与本土化发展,其业务内容也不断拓展,从早期的慈善救助逐步拓展到与服务对象权益相关的其他服务,并开始深入社区,建立起本土化、在地化的社会工作模式。国民党当局也通过社会福利来支持经济发展,主要侧重于社区发展及贫民救助。

都市化、工业化导致农业社会向工商社会转型。主要表现为一方面是经济生活的富裕,另一方面是社会结构的多元化开始形成,家庭的传统社会功能逐渐被各种社团替代,都市扩张、民营企业发展、专业技术进步等推动着新兴阶层产生,这些均为非营利组织的产生奠定了坚实的群体基础。

在这个时期,非营利组织发展与规范的主要特点是:非营利组织依附政治权力而生存,"一切形成建构的社团组织,都在政府或官员的指导与控制之下,工会、农会、妇女、青年等社团固然如此,即使名之为学术的团体,亦很少例外",其"工具性"的重要性大于其本身的"自主性"。[①] 在这一阶段,非营利组织主要扮演福利服务提供方面的补充角色。但是与此同时,民间非营利组织从慈善性和应酬性的短期活动开始转向长期性运动。

1.1.3 蓬勃发展阶段:1980~2000年

"20世纪80年代之后出现的非营利部门,见证了台湾经历经济发展与政治自由化所带来的民间社会重组过程。"[②] 20世纪80年代被称为台湾民间社会第三部门发展的黄金时代。在这个时代,"不论是倡导、辩护、抗争型的社会运动组织或是社会福利服务民间组织,也不论是'社团法人'的人民会员团体或是'财团法人'的基金会,在现有的20000个以上的会员团体和3000个以上的基金会当中,至

[①] 黄世明:《台湾全志·卷九·社会志·社会多元化与社会团体篇》,"国史馆"台湾文献馆,2006,第166页。
[②] 萧新煌主编《非营利部门:组织与运作》,巨流图书股份有限公司,2000,第100页。

少有三分之二都是在1980年代才成立的"。① 由此，社会力逐渐形成，并开始追求与官方和企业权力的均衡，标志着台湾三个部门分工的确立。这一阶段影响台湾非营利组织发展的重要因素包括政治改革、经济发展、社会运动和社会福利政策的扩大。非营利组织在环保、社会福利、社会运动等领域有较大发展。

从政治上来讲，进入20世纪80年代，国民党当局在政治上开始采取更为怀柔的政策，从硬性威权主义转变为柔性威权主义，给台湾非营利组织的发展提供了更大的生存与发展空间。1987年解除"戒严法"、1988年解除报禁、1990年解除党禁、1989年通过"动员戡乱时期人民团体法"、1991年废除"动员戡乱时期临时条款"，1992年"人民团体法"再度修正，明确规定：政党不得在大学、法院或军队设置党团组织，这均使得非营利组织成立的合法性基础得以奠定、活动空间得以拓展，人民的公民意识、权利意识、参与意识、集体意识大大提高，纷纷成立非营利组织。同时国民党当局陆续通过"公务人员眷属保险条例"、"职业训练法"、"劳动基准法"、"农民健康保险条例"、"少年福利法"等拓展社会福利。1990~1991年通过的社会立法与"修正案"比二战后四十多年还要多。1981~1996年社会福利支出增长将近18倍，力图通过自上而下的渐进改革来吸纳社会运动议题。"解严"后，随着价值多元化发展，各种自主、自助性非营利组织大量出现，如残障联盟、无住屋者团结联盟、环保联盟，以及少数民族、妇女、劳工、农民组织等，通过各种社会运动力求达致公共政策改变。② 以妇女组织和妇女运动为例，在国际思潮的冲击下，台湾的妇女运动在"解严"后迅速发展，民间性质的妇女社团与官办性质的妇女社团在数量上平分秋色，在活动上更为多样、更为激进。包括争取妇女权益、改变妇女处境的妇女新知基金会，救

---

① 萧新煌、官有垣、陆婉萍主编《非营利部门：组织与运作》，巨流图书股份有限公司，2009，第37页。
② 黄世明：《台湾全志·卷九·社会志·社会多元化与社会团体篇》，"国史馆"台湾文献馆，2006，第169页。

援雏妓的台北市妇女救援基金会，励声社会福利事业基金会，致力防治性侵害的台北市现代妇女基金会，协助离婚妇女的台北市晚晴协会，从事环境保护的主妇联盟环境保护基金会等。（多数妇女团体集中在北部都会区，20世纪90年代之后往中南部发展。）妇女团体在20世纪80年代以全台性议题为诉求举办各种活动，20世纪90年代逐渐形成压力团体进行议题结盟，影响或参与"修法"工作。①

在直选台湾地区领导人前，国民党当局整体上开始放开非营利组织发展的制度、社会空间，但其间也有反复。如1989年通过的"动员戡乱时期人民团体法"由于过度集中在政党规范的问题上，关于人民团体的讨论非常之少，由此造成了一种非常奇特的结果：政党（政治团体）的成立采用报备制，社会团体的成立采用许可制。再如为压制激进的劳工、农民、环保运动于1989年底通过的"防制危害治安暂行条例"（草案），短短的13个条文规定了14个死刑。1990～1992年间的威权反扑，②虽然在短时期内对台湾社会运动、非营利组织的发展造成了一定的阻碍，使得社会运动组织采用更为激进的政治化策略，扩大抗争规模，进行跨议题结盟，并与反对党开始结合及抗争。在这个过程中与反对党——民进党的关系相当密切，二者合作共生。因此至少在台湾，"民间社会对抗政府"并不是自由化初期立即展现出来的现象，而是统治者失策的结果。③ 1994年"省市长"选举、1996年领导人选举使得民间社会组织找到了参与政治、表达诉求的制度性管道，民间社会与台湾当局之间的距离拉近，非营利组织的行为方式更为理性、温和，其议题也朝向更为多元化的方向发展。

从经济上来讲，20世纪80年代以后台湾当局在经济发展中的角

---

① 黄世明：《台湾全志·卷九·社会志·社会多元化与社会团体篇》，"国史馆"台湾文献馆，2006，第169页。
② 这个阶段国民党当局号称要"对无法治的社会开刀"，镇压反核运动、学生运动、逮捕劳工运动、农民运动和社会运动的积极成员。
③ 何明修、萧新煌：《台湾全志·卷九·社会志·社会运动篇》，"国史馆"台湾文献馆，2006，第135页。

色开始发生转变，提出自由化、国际化、制度化的经济转型策略，推动"国营"企业、"国营"事业民营化。1985年台北市为"第一儿童发展文教基金会"提供场地设备，在"心爱儿童发展中心"开展特殊儿童服务，这是台湾第一个官方委托社会福利机构成立的公设民营的案例。1999年明确提出的以竞争政策为主、以产业政策为辅的经济自由化、"国家化"原则，标志着政治力在台面上逐步退出了经济领域。[1] 城市化、阶层化、诉求多元化等为非营利组织的迅速发展提供了坚实的社会土壤。在这个过程中，自主性工会大量出现，开始积极地参与政治并进行社会动员，组织形成日渐自发性，功能日益自主。自由结社的性格朝向一种有社会主题的集体行动上。[2] 随着经济发展带来的环境污染及国际上可持续发展潮流的影响，环境社会组织大量出现，集中在反公害运动、生态保育运动和反核运动三个类别上。20世纪80年代中期以后，生活的富裕刺激了休闲消费和文艺活动。1993年由"行政院文化建设委员会"提出的社区总体营造理念将文化艺术的层面，由音乐厅、戏剧院的精致层面扩大至地方性日常活动中的社区层面。[3] 经济的发展与民间社会力量日益增长，人民有意识、有能力、有条件去关怀台湾社会的发展。这一点从20世纪80年代基金会成立主体的改变可窥见一斑：20世纪60、70年代主要由资本家构成，20世纪80年代则多由中产阶级、专业人士所组成。[4]

从社会上来讲，这个时期非营利组织发展最为显著的特征是社会运动的广泛兴起，民间非营利组织的存在方式从慈善性的和应酬性的

---

[1] 何明修、萧新煌著《台湾全志·卷九·社会志·社会运动篇》，"国史馆"台湾文献馆，2006，第4~5页。

[2] 何明修、萧新煌著《台湾全志·卷九·社会志·社会运动篇》，"国史馆"台湾文献馆，2006，第10页。

[3] 何明修、萧新煌著《台湾全志·卷九·社会志·社会运动篇》，"国史馆"台湾文献馆，2006，第15页。

[4] 萧新煌：《基金会在台湾的发展历史、现况与未来的展望》，载李玉娟主编《台湾的基金会在社会变迁下之发展》，巨流图书股份有限公司，2003。

短期活动开始转向长期性运动。社会运动在推动社会多元与政治民主化方面发挥了重要作用。从一开始的参与公共事务和自力救济,发展到激进的抗争形式,从知识精英扩展到草根群众,再到国民党当局对社会运动系统性镇压后的跨运动议题结盟抗争,将社会运动带入选举并与反对党结盟,之后进一步发展到相关领域且不再带有高度政治意涵的理性运动阶段。[①] 其主要诉求是制度层面的变革,不仅解决物质资源的匮乏,更在于促进更多议题的政治化,建立改变自身现状的管道。并且不同于一般的群众运动,其侧重组织化的过程,由社会运动组织主导。其典型代表包括消费者运动、保育运动、反核运动、劳工运动、学生运动与少数民族运动等。虽然这些社会运动的组织、参与人员、规模、影响力等各有不同,但是逐渐组织化并形成社会力。如消费者运动中,消费者文教基金会成立并推动维权、公众教育和"立法"修正,并在"解严"后开始动员、推动"消费者保护法"的通过。劳工运动也促使台湾于1984年成立了二战后第一个独立于官方的劳工运动组织。虽然同年通过的"劳动基准法"充满了妥协,没有真正、全面保护劳方的权益,但这为以后台湾劳工以"顺法抗议"的名义组织抗争奠定了基础。1999年的"9·21"大地震使社区型协会的角色更为重要。1993~1994年,社区总体营造成为官方支持与赞助的社会运动。1998年台北市文山社区大学成立,这是台湾第一所社区大学。社区大学相关的课程要借由公共事务的参与,去面对当时的问题,引发社会关怀,进行社会内在反省,培养批判思考能力。非营利组织的宗旨朝向更为广泛的社会改革议题,非营利组织的生态系统开始建立,如1991年台湾成立"联合劝募协会",标志着中介性非营利组织开始出现。

20世纪80年代后期,部分台湾非营利组织的财力已经使其具有对外援助的能力,如1950年进入台湾的"基督教儿童福利基金会",

---

① 何明修、萧新煌著《台湾全志·卷九·社会志·社会运动篇》,"国史馆"台湾文献馆,2006,第27页。

自1985年起不再接受外国的资金，1987年开办认养外国儿童业务，活动遍布亚洲、美洲、非洲等二十多个国家，"世界展望会"、"慈济基金会"、"伊甸基金会"等也开始进行对外援助。[①]

这个阶段，台湾非营利组织的发展具有以下七个特点。

一是非营利组织成为与官方、企业平衡，相互制约的独立部门。同时，因为成为政治参与的渠道，以及对企业影响和对社会责任的关注使得社会力成形，与二者之间的边界、关系逐步清晰，对抗与合作的理性机制逐步建立。如在台湾，社会福利作为一项社会运动的议题，最早是由于反对党的介入使得福利资源分配成为政治动员的诉求，后来才与政党政治脱钩成为专业性的改革议题。

二是非营利组织的多元化面向，关注议题更为广泛，服务对象更为多元。

三是从政治改革议题逐步变为倡导与服务并重，非营利组织的中心从北部往中南部发展，由此非营利组织在台湾各地的发展更为均衡。

四是在1990~2000年间，台湾当局大举扩张社会福利预算。随着官方社会福利服务外包，此类型的非营利组织专业化得到提升。

五是社会福利与慈善型非营利组织、环保组织、基金会、社区营造协会、休闲团体、宗教团体等非营利组织的发展成为台湾社会靓丽的风景线。

六是非营利组织生态系统逐步建立，非营利组织网络形成。20世纪80年代初，台湾地区性社会服务团体之间联谊性质的座谈会、工作经验交流会等逐步开展，非营利组织之间的横向联系逐渐开启。进入20世纪90年代，非营利组织之间的联合与互动不断加深，非营利组织的网络开始形成。

七是国际化成为本时期台湾非营利组织发展的重要特色。

[①] 萧新煌、官有垣、陆婉萍主编《非营利部门：组织与运作》，巨流图书股份有限公司，2009，第322页。

在这个阶段，台湾当局对非营利组织的规制整体上保持开放趋势，部分阶段内的反潮流规制、威权反扑带来非营利组织策略的改变，由此推动相关制度的进一步改善。

1.1.4 多元化、专业化阶段：2000年至今

在这个阶段，台湾非营利组织仍然保持着迅速的发展，专业化能力不断提升，可以说，台湾非营利组织已经进入了稳定、持续发展的轨道。这个阶段非营利组织的发展更多的是内部挖潜、提升能力、创新发展以更有效地面对社会需求。当局逐步出台、完善非营利组织的相关规范，完善非营利组织的管理并推动其发展。

2000年、2008年两次政党轮替使得非营利组织与当局之间的关系更趋于理性和制度化。当局开始完善非营利组织管理的"法律"体系，并进一步通过政策引导非营利组织的发展。2001年1月20日公布"志愿服务法"，明确志愿服务作为台湾社会共同认同的价值规范。2002年4月24日公布修订后的"人民团体法"，仍将非营利组织、政治团体、职业团体混在一起加以规范。2002年12月"青辅会"公布"非营利组织发展法（草案）"，试图统一非营利组织一般"法律"制度，推动行政管理体制改革，推动非营利组织多元、自主、互动发展。"法务部"也研拟统一的"财团法人法（草案）"，以作为财团法人设立、组织及运作之共通性"法律"。同时，随着人口结构老龄化，"行政院"在"大温暖社会福利套案"中提出"长期照顾体系十年计划"，推动社会服务体系与医疗体系成立或转型为提供照顾服务的非营利组织。2006年5月17日公布"公益劝募条例"，规范管理劝募行为，适用于公立学校、行政法人、公益性社团法人和财团法人。2007年，49个倡导型和服务型的民间社会团体成立"公民监督'国会'联盟"，监督和改革台湾地区政府和"立法院"，以实现文明、阳光、公益、透明、效能五大诉求。

随着官方服务外包的开展，各个部门对非营利组织的管理、项目绩效的评估提出了越来越细致的要求。如"卫服部"针对老人福利机构出台了评鉴办法，每三年评鉴一次，主要评鉴内容包括行政组织

及经营管理、生活照顾及专业服务、权益保障、改进创新及其他与老人福利相关规定及评鉴小组决议评鉴之项目。对身心障碍服务机构也拟定了相关评鉴标准和流程。同时拟定了"人民团体奖励办法",对符合条件的人民团体予以奖励。

社会福利预算由地方当局控管,1999年"9·21"大地震的资源排挤效应、经济不景气,对非营利组织的责任要求不断增加,其寻求资源与进行改革的压力增大。通过创新推动非营利组织发展成为重要手段,这方面可参见本书"台湾的社会企业"一章。

在这一阶段非营利组织发展与规制的主要特点如下:

一是法制体系的逐步完善为非营利组织的规范化发展提出了要求。

二是当局更主要地通过资源诱导而非法令、行政管理来规范非营利组织。

三是在承接官方委托、购买服务以及竞争性地接受社会资源的同时,对非营利组织的专业性、诚信提出了更高的要求。

四是资源的竞争使得创新成为非营利组织可持续发展的重要途径。

1.2 现状与特征

1.2.1 发展现状

20世纪80年代后,经过"解严"、选举、政党更替,台湾非营利组织可以说已经成为与官方、企业并立的部门,成为台湾社会发展的重要组成部分。本节主要介绍人民团体和基金会的发展。

根据统计,2006年台湾非营利组织的结构为:社会团体占比最高,将近占所有非营利组织的60%;其次是寺庙与教堂等宗教型非营利组织,所占比例超过25%;再次是工会、商会、职业工会,占比8.9%;最后是基金会,约有4000家,占比7%。[1] 自2000年起,

---

[1] 萧新煌、官有垣、陆婉萍主编《非营利部门:组织与运作》,巨流图书股份有限公司,2009,第323页。

增长最为迅速的是社会服务和慈善团体,其次是文化艺术团体、体育团体、经济业务团体、国际团体。

根据台湾"内政部"2012年对各级人民团体活动情况的调查,[①]人民团体发展概况体现为如下15个方面:

第一,数量方面。2011年底各级人民团体总计49909个(不含43个政治团体及3个"福建省"人民团体),尚在运作中的人民团体[②]共47905个。其中职业团体5073个,社会团体36387个,社区发展协会6445个。在社会团体中,就目的事业而言,数量从多到少依次为社会服务及慈善团体,数量为11525个;学术文化团体6186个;体育团体4493个;经济业务团体4261个。

第二,团体级别方面。按照团体级别,人民团体的数量分布呈金字塔形:县市级团体19479个,省市级团体18186个,"中央级"团体10240个,分别占比40.66%、37.96%和21.38%。

第三,会员方面。2011年底各级人民团体个人会员共计905.25万人,团体会员44.19万人,平均数分别为189人和9.2人。个人会员平均数从多到少分别为社会团体、职业团体、社区发展协会。按照人民团体级别,个人会员平均数呈倒金字塔形:级别越高,其平均个人会员数越多。与2003年相比,个人会员与团体会员总数略有增加,但平均值减少,可见人民团体有小型化趋势。

第四,工作人员方面。2011年底各级人民团体工作人员总计17.16万人,其中全职人员8.5万人,兼职人员3.88万人,平均每个人民团体工作人员3.6人,与2003年相比平均全职人员增加0.6人,兼职人员减少0.3人。按团体类别观察,平均全职人员数量从多到少依次为职业团体、社会团体和社区发展协会,平均兼职人员数量

---

① 本次调查以全台湾为范围,调查对象为台湾地区各级官方主管机构依"法"核准成立或备案的职业团体、社会团体、政治团体(不含政党)以及社区发展协会,不包括另有目的事业主管机构及其主管机构已自行定期办理调查的工会、农会和渔会团体。参见《100年各级人民团体活动概况调查分析》。
② 以下数据分析均以尚在运作的人民团体为基础。

从多到少依次为社会团体、社区发展协会和职业团体。从性别的角度而言，各级人民团体的理事长、理事或监事男性比例较高，约为女性的 2~3 倍。秘书长或总干事以男性居多，比例为 63.84%，全职人员与兼职人员女性占比较多，分别为 58.39% 和 55.38%。从年龄来看，理事长、理事、监事以 50~64 岁为主，工作人员以 30~49 岁为主。

第五，志工方面。2011 年底，台湾各级人民团体志工总数为 67.54 万人，女性占比近 60%，平均每个人民团体拥有志工 14.1 人，平均每人每月工作时数为 10.59 小时。按团体类别，平均每个团体社工数量从多到少依次为社区发展协会、社会团体和职业团体，分别为 22.8 人、14.3 人和 1.4 人。根据台湾"行政院"的统计，台湾志愿服务参与率从 1988 年的 5.05% 上升至 2003 年的 14.50%。

第六，国际参与方面。参与国际组织的各级人民团体占总数的 5.71%，参与 9 年以上者占所参与国际组织总数的 60.76%，社会团体参与国际组织者占 7.32%，其余类别参与率较低。

第七，经费收入方面。2011 年底各级人民团体经费总收入为 753.66 亿元，平均每个团体经费收入为 157.32 万元，较 2003 年平均收入减少 47.55 万元。根据数量，收入类型依次为捐赠、会费收入、当局补助收入，占比分别为 23.61%、20.36% 和 17.38%；按照类型，社会团体获得捐赠收入平均数最高，占比 26.73%，职业团体会费收入平均数最高，占比最高，占比 54.53%，社区发展协会获得当局补助平均数最高，占比 46.56%；按照团体级别，"中央级"获得捐赠收入平均数最高，占比 26.73%，省市级团体会费收入平均数最高，占比 28.07%。

第八，经费支出方面。2011 年底各级人民团体总支出为 751.50 亿元，平均每个团体经费收入 156.87 万元，相较 2003 年减少 45.61 万元。其中，根据支出数量，依次为业务费、人事费、专案计划，分别占比 29.54%、20.22% 和 17.63%。从支出类型看，业务费支出均占为最高，人事费次之。各人民团体大致量入为出，2011 年底累计结余 263.61 亿元。

第九，活动举办方面。按照举办活动的数量，2011 年各人民团体主办或合办的活动类型依次为联谊性活动，占比 39.51%；休闲性活动，占比 28.24%；教育性活动，占比 27.65%；社会服务性活动，占比 20.53%；社区发展活动 16.09%；学术性活动，占比 16.06%；文艺性活动，占比 14.7%；医疗卫生性活动，占比 13.81%；环保性活动，占比 13.48%；体育性活动，占比 13.33%；慈善及志愿性活动，占比 12.88%；宗教性活动，占比 8.73%；国际交流性活动，占比 7.94%；同业业务发展及交流，占比 6.57%；[①] 经济事务性活动，占比 1.37%；政治性活动占比 1.16%；社会运动型活动，占比 0.57%。从团体类别上来看，职业团体在举办学术类、教育类、休闲类、经济事务类、联谊类、同业业务发展及交流类等活动中占比最高，社区发展协会在举办文艺类、医疗卫生类、宗教类、社会服务类、环保类、社区发展类等活动中占比最高，社会团体在举办体育类、慈善及志愿类、国际交流类、政治类等活动中占比最高。未办理任何活动的人民团体占比 16.96%，无论团体类别或级别，最主要的原因是缺乏经费。

第十，两岸活动方面。2011 年举办两岸活动的人民团体占比 8.68%，其中以"中央级"团体占比最高。按照团体类别，占比从高到低依次为社会团体、职业团体和社区发展协会。

十一，信息化方面。2011 年有电脑或网络设备的人民团体占比 75%，有机构网址的占比 33.8%，开设社群网页的占比 20.37%，发行电子报的占比 3.97%。

十二，民众参与方面。台湾地区民众参与非营利组织的比例约占全台人口的四分之一，都会地区的参与率不一定高于乡村地区民众，

---

① 学者萧新煌 2000 年对大台北地区的 250 个民间组织进行的调查显示，高达四分之一的组织曾参加抗议或倡导活动，六成以上曾与其他民间组织合作进行倡导。其倡导方式不仅是社会运动，还包括与官员对话、向当局提出建言、举办政策议题座谈会、联署请愿书、召开记者会等。

反而乡村型县市民众更热衷于参与社会团体。参与类型比例最高的为社会公益团体，占比在26.6%~31.3%；其次是宗教性团体，参与率为23.9%。经常参与社团活动者占比在64%~83%。①

十三，合作情况方面。2011年各级人民团体配合当局办理相关活动的占比43.37%，其中5.73%配合当局参与国际活动；配合方式主要是提供宣传或人力支持。按照团体类别，配合当局开展活动的比例从高到低依次为社区发展协会、社会团体、职业团体，但配合当局开展国际活动的以社会团体占比最高；按照团体级别，县市级团体占比最高，省市级团体次之，"中央级"团体最低，但后者在配合当局开展国际活动的占比最高。

十四，运作难度方面。62.63%的人民团体认为运作中有困难。最主要的困难为经费不足，占比34.16%；其次是会员不能积极主动参与活动，占比6.18%；再次是会员招募困难，占比6.15%。按团体类别，运作困难的比例从高到低依次为社区发展协会、社会团体、职业团体，均超过50%。

十五，政策期望方面。各级人民团体期望当局推动发展的措施按照重要程度从高到低依次为奖励措施、业务协助和经常举办观摩活动。按照团体类别，职业团体最希望当局加强法制服务，并及时修订相关法规，社会团体最希望当局制定奖励措施，社区发展协会最希望当局加强业务协助。

在基金会方面，战后台湾基金会主要是由当局成立或自主的产业发展基金会，或由大型企业财团设立以作为节税工具，或由去世的名流商贾子女成立。随着台湾社会的自主性提高，1980年"消费者文教基金会"成立并成功将基金会塑造成为公益团体的形象，基金会开始为公众知悉，更由于政治民主化，政论性的组织及学界参与的智

---

① 江明修主编《第三部门与政府：跨部门治理》，智胜文化事业有限公司，2008，第19~20页。

库型基金会也在20世纪90年代陆续出现。① 由于缺乏整体性数据，只能用既有的统计数据进行分析。喜马拉雅基金会于1997年出版《基金会在台湾》，调查登记1595家基金会，大致分为文化教育、社会慈善、环境保护、医疗保健、经济事务和其他等六类。② 以资金来源看，超过70%为独立基金会，25%为企业基金会，官方基金会与其他类型基金会占比5%。萧新煌在2002年以2925家基金会为样本进行了分析，2006年也对基金会进行了整体性调查。从数量上看，基金会整体数量为4000多家，其中20世纪90年代后基金会的增长速度非常快，有七成基金会成立于这段时间，主要类型为运作型而非资助型基金会；以教育福利和文艺为主要使命，微小型基金会即基金规模在500万元以下的占比近50%，中大型基金会即基金规模在5000万元以上的仅占比15%。除此以外，较为明显的还有两个特征：一是企业基金会增长迅速，二是政治人物纷纷成立基金会，并逐渐成为民意代表个人问政的最佳智囊机构。③

从宗旨和业务范围上来看，在1970年以前基金会主要关注慈善、奖助金和奖学金。1980年后因应社会需求、社会变迁之需要，其宗旨与活动范围更为广泛、多元，覆盖慈善、教育、福利、文化等领域。20世纪80年代末政治人物成立基金会成为台湾基金会发展的特色之一。20世纪90年代后作为智库的基金会出现。

1.2.2 类型与功能

依据不同的分类原则，可以将台湾非营利组织分为不同的类型。

以组织型态划分，台湾非营利组织可划分为社团法人和财团法人。台湾地区"法律"属于大陆法系，沿用民法传统，规范非营利

---

① 黄世明：《台湾全志·卷九·社会志·社会多元化与社会团体篇》，"国史馆"台湾文献馆，2006，第38页。
② 萧新煌主编《非营利部门：组织与运作》，巨流图书股份有限公司，2000，第15页。
③ 江明修主编《第三部门与政府：跨部门治理》，智胜文化事业有限公司，2008，第18页。

组织的法源是民法。非营利组织依据民法规定的设立基础为标准,分为社团法人和财团法人。社团法人以营利性与否分为营利社团法人和公益性社团法人,后者主要以"人民团体法"为主要依据,包括互惠性组织和公共利益性组织;财团法人分为公益财团法人——基金会和特别财团法人,包括私立学校、私立医院、寺庙、教会、研究机构、社会服务机构等,其主要依据为各"特别法"。

依据目标与策略,台湾非营利组织可以分为社会运动部门与非社会运动部门。依据官方在非营利组织设立与管理中的地位,可分为官方性质的非营利组织和民间性质的非营利组织。依据其宗旨和业务范围,可分为宗教文化类、社会服务与公益慈善类、妇女类、宗教类、休闲类、联谊类、医疗卫生类、经济事务类、环保类、国际类和其他类等。

依据非营利组织角色与功能的面向,萧新煌在 1991 年将台湾非营利组织的角色分为三类:目的角色、手段角色和功能角色。目的角色又可分为七种:济世功业,主要是宗教性慈善会、功德会,以慈济功德会为代表;公众教育,面向公众推广新的理念,如消基会、晚晴协会等;服务提供,以提供服务为目的,如台湾世界展望会、伊甸基金会、阳光基金会等;开拓与创新,改革与倡导,以进行社会运动改变政策为目的,如妇女新知、残障联盟等;价值维护,既有维护创新价值也有维护旧价值,如董事基金会、人本基金会等;整合与激励,中介性、支持性非营利组织属于此类,如喜马拉雅基金会、台湾亚洲协会基金会等。手段角色可以分为三方面:一是积极手段,从事提醒、咨询和监督活动;二是消极角色,主要是制衡、挑战和批判;三是服务提供。功能发挥的角色有三个层面:一是带动社会变迁,二是扩大社会参与,三是服务供给。[①]

从非营利组织的特质、目标和实际运作功效出发,以社会福利服

---

① 萧新煌主编《非营利部门:组织与运作》,巨流图书股份有限公司,2000,第 18~20 页。

务的角度为例，台湾非营利组织的功能[1]如下：

一是价值维护的角色与功能。提倡社会更新向上发展的意识形态或发展理念，进而以教育或实践行动推动社会变迁，促进人类道德与生活品质的提升，如慈济社会基金会、法鼓山文教基金会、佛光山文教基金会、环境与动物保护团体等。

二是改革与倡导的角色与功能。通过社会动员，促成社会政策与法规的制定或修正，扮演监督官方与批评者的角色以促成社会变迁。台湾非营利组织发挥改革与倡导功能主要有三种途径：推动社会运动，推动制度建立与改革，进行公众教育。

三是服务提供角色与功能。多元化需求使得服务群体、类型、策略多样化。首先是对贫困者的服务，虽然台湾经济发达，但也存在贫富差距扩大、贫困人群新型化等问题，从原来的直接贫困救济转为提升受助者及其家庭的自我发展能力为主。其次是对风险社区和高风险家庭提供服务，包括各种自然灾害所产生的服务需求，尤其是"9·21"大地震后非营利组织建立起本土救灾模式；还有对家庭与婚姻所产生的服务需求提供服务，由早期的个案工作为主的服务模式，逐渐导向跨机构式的资源链接与网络建构模式。再次是社会福利的主要提供者，台湾非营利组织与官方合作模式经历从公私部门平行发展的服务输送、社会福利服务的方案委托、社会福利公社民营模式的兴起到照顾服务产业化四个阶段。但同时，也存在服务的地域性分布严重不均、妇女服务在整个社会服务中被边缘化、双方合作意愿均有所降低等问题。

四是开拓与创新的角色与功能。基于自身的功能自发性，非营利组织以实际行动引导社会创新，包括组织形式、服务策略、开发资源、专业服务研发等方面，其实践如照顾服务劳动合作社、派遣人力的新形式人力资源策略、协力合作网络建构、身心障碍者支持强度度量表等。

---

[1] 萧新煌、官有垣、陆婉萍主编《非营利部门：组织与运作》，巨流图书股份有限公司，2009，第326~330页。

1.2.3 特征

萧新煌等人从社会福利服务发展的角度认为台湾非营利组织具有以下特色：一是以家庭为基础的服务策略；二是以社区为基础的服务策略，资源共享与社区融合；三是就业与福利并重的服务策略；四是强调专业伦理与自律。[①] 从现实面与历史面的角度来看，台湾非营利组织具有如下特征：

一是后天发展迅速，先天不足。非营利组织的发展与政治体制改革、经济体制改革、社会多元化的过程相统一，并通过社会服务、社会运动，与官方合作推动这一过程的实现。台湾非营利组织的发展是在政治、社会、经济剧烈变革的条件下产生的，虽然发展非常迅速，功能也逐渐强大，但目前台湾非营利组织的参与仍然缺乏大众基础，且没有内化于民众的政治文化中。非营利组织的发展受到政治与选举因素过多的影响。执政当局如何建立一个中立化的、不受政治干扰的非营利组织发展文化并赋予其公平发展机会是一个非常关键的课题。[②]

二是体量不断增大，自主性有待提高。随着非营利组织所体现的社会力逐渐与官方、企业并立发展，官方与企业的应对策略也不断调整，三者之间的关系仍处于动态的变化之中。如当局由以往直接运用法令性政策工具控制非营利组织，逐渐调整为以运用经济型政策工具如契约委托、减免税捐、补助等含有经济诱因性质的政策工具，通过资源分配间接地影响非营利组织的运作。尤其是随着社会运动逐渐制度化，转型为各种倡导型与提供服务型的社会组织，其掌握的资源远不及官方与企业，这样就更容易受到影响。[③] 虽然"解严"后，台湾非营利组织发展非常迅速，但由于缺乏西方公民社会制度、规范、政

---

① 萧新煌、官有垣、陆婉萍主编《非营利部门：组织与运作》，巨流图书股份有限公司，2009，第331～332页。
② 江明修主编《第三部门与政府：跨部门治理》，智胜文化事业有限公司，2008，第24页。
③ 江明修主编《第三部门与政府：跨部门治理》，智胜文化事业有限公司，2008，第98页。

治的三种坚实基础，即使逐步获得了社会力与正当性，至今仍未形成具有多元价值倡议以及充沛资源供给的公民社会，仍然遭受到来自官方的政治力和企业经济力的双重侵蚀。①

三是地域分布不均衡，规模差距较大。登记在县市级的非营利组织居多，在地理分布上以中北部为多，地域性分布不均衡。非营利组织之间的规模程度差异很大。就整个非营利组织来看，草根性组织很多，规模偏小，专业能力欠缺。从人力和财力的角度而言，台湾非营利组织的特色是"小"。社团法人的会员数量超过 200 人的只占一半多，作为财团法人的基金会以中小型为主，而且几乎全部是运作型基金会，资助型基金会少之又少。如上所述，人民团体所面临的运作困难最主要的还是缺乏经费。根据调查显示，有 80% 多的社会团体的专职人员在 3 人以下，教育领域的基金会有专职人员的组织只占 65%，平均人数是 4.45 人，而社会福利及慈善型基金会平均雇用的人数约为 35 人。可见，部分社会福利型非营利组织已经向大型化、全球化、科层化发展。

四是需求导向，创新发展。服务策略依据社会需求的改变而不断创新。如以家庭为基础、社区为基础的服务策略的形成，注重个人和家庭能力提升与福利并重，强调专业伦理与自律，推动受益对象的主体性与能动性的提升，加强自律以应对责信要求。如 2005 年台湾 30 家公益团体发起成立台湾公益团体自律联盟，以喜马拉雅基金会的公益咨询中心为平台，发挥提供咨询及资源整合的作用，保障捐款人的知情权。

1.3 未来趋势

1.3.1 行政改革，法制统一

目前关于非营利组织的"法律"主要以"民法"为法源，社团

---

① 江明修主编《第三部门与政府：跨部门治理》，智胜文化事业有限公司，2008，第 99~98 页。

法人主要受"民法"和"人民团体法"的规范，财团法人主要受"民法"及各主管机构各自制定的规范及监督准则规范。非法人社团仍缺乏主体性，财团法人则由于多头管理，缺乏统一的标准，权责不清、监督不力也妨碍了其发展和行业的独立性和自主性。

从未来发展来看，改变现有的非营利组织主管机构、统一"法律"体系以形成完整的非营利组织"法律"框架成为未来发展趋势之一。首先改变多元管理体制，尤其是作为财团法人的基金会的管理机构的改革，要么在统一的"法律"框架下进行管理，要么由统一的机构进行管理；其次，未来可能成立类似于法定机构式的非营利组织管理部门，其组成包括"立法"与行政机构的人员、专业人员、学者专家、民间组织代表等，赋予其独立的法律地位，对其管理和监督将由行政、"司法"和"立法"机构在各自的权限范围内负责。

基于不同性质的非营利组织，在拟定统一的"非营利组织法"、"财团法人法"的基础上，进一步完善特别法包括"职业团体法"、"工会法"、"农会"和"渔会法"等，由此形成"一般法"与"特别法"协调互补、系统完善的法制体系。关于非营利组织的"税法"减免措施也将进一步统一、扩大并完善。

1.3.2 伙伴关系，制度理性

在台湾非营利组织的发展历史中，与官方的关系一直是非营利组织发展最为重要的因素。在不同阶段非营利组织采取抗争、合作、吸纳等不同的手段，与官方的关系也处于不断的变化、调整之中。当前，非营利组织与官方之间的关系，仍然处于一种含糊多元的关系形态，除正面的合作关系，还有诸如共生共栖的依赖关系（如与反对党合作导致"红顶"非营利组织）、与官方隔离的孤立关系、政治人物成立非营利组织形成的利益交换关系等负面关系。[①]

在未来发展的过程中，随着台湾政治、社会的逐步成熟与改革发

---

① 江明修主编《第三部门与政府：跨部门治理》，智胜文化事业有限公司，2008，第46~48页。

展,社会将更加多元,随着非营利组织公平、弹性、效率、注重差异性等优势的进一步发挥,非营利组织与官方之间应能形成一种彼此平等、相互尊重、合作互助的伙伴关系。如官方在年度总支出中规定固定预算比例对非营利组织进行资源支持,并基于非营利组织的需求进行资源分配。对非营利组织的支持体系包括人力资源、学术研究、活动支持等将进一步体系化,并且这种关系将通过一系列法规的制定加以制度化。如经过三次政党轮替,非营利组织与各个党派之间的关系必然形成一种更加理性、更加制度化的范式,而不再依靠过去的社会运动中的功能互补形成短期的结盟关系,而是形成一种边界清晰、功能互补、合作与制衡并行的理性关系。

1.3.3 价值多元,创新发展

台湾非营利组织的发展史可以说是台湾社会价值、思想、职业、参与、分配多元化的历史。截至目前,这个过程仍在继续,这其中既有原有社会结构所遗留的、还未变化的因素,也有未来社会环境和社会结构进一步发展所带来的影响。社会的多元化必将带来需求的多元化,作为社会自组织、自管理、自服务的非营利组织必然在宗旨、业务范围、活动领域等方面进一步多元化,除既有的环境、劳工、教改、人权、社会福利等议题,贫富差距、社会不公平、边缘人保护、可持续发展等也将成为非营利组织更加关注的领域。

非营利组织的使命越来越大、活动范围越来越广,其所需要的资源支持也将越来越大。而大多数国家和地区的非营利组织均面临财政困难的压力,台湾也不例外。除了已有的资金来源渠道以外,通过善因募款、受益者付费、成立独立或附属的实体等商业化手段增加收入来源,成为越来越多的非营利组织的选择。其中最具代表性的就是社会企业。应当说,台湾的社会企业发展已经成为非营利组织可持续发展的重要支撑,并逐渐形成形态多元、运作日渐成熟的在地化、社区化的独特发展模式。[①]

[①] 参见本书第八章"台湾的社会企业"。

1.3.4 责信提升，专业提升

进入 21 世纪后，随着资源竞争日益加剧、对非营利组织管理与绩效的重视，台湾非营利组织面临越来越大的责信和专业化要求。调查显示，越来越多的社会公众对非营利组织的财务、业务等信息的公开持支持态度。随着非营利组织"全面品质管理"思潮的引入，资源的限制与竞争，服务的同质化程度高，其服务的策略、管理、体系、绩效推动着非营利组织的组织变革、专业服务、高效治理等，必然使其重视专业人力资源的发展，健全财务结构，建立整合性的服务方案，提升绩效评估，进而提升透明度、专业性和公信力。

未来，当局必将运用公权力通过"法律"与行政措施进一步规范非营利组织的财务行为与治理运作，以保证其公益性和责信度。同时通过购买服务、奖励支持等经济手段，促使非营利组织遵守各部门提出的相关要求。同时，非营利组织将进一步增强自身在组织管理和治理、项目策略、实施和管理、信息公开与透明等方面的能力，以期在官方、企业与社会公众之中形成公信力，并由此在资源竞争日益增加的情况下增强自身的可持续发展能力。

1.3.5 构建网络，跨界联合

台湾非营利组织的跨界联合最早始于社会运动，基于当局压制以及自我发展而形成。在台湾地区企业越来越多地履行社会责任、成立基金会并寻求与非营利组织合作，以及非营利组织的责信、自律、商业化创新发展等情况下，构建网络、跨界联合成为台湾非营利组织未来发展的重要趋势。

构建网络主要是实现不同类型、不同领域的非营利组织之间形成资源共享、功能互补和合作共赢。基本有三种网络形式：一是自律网络，如 2005 年成立的台湾公益团体自律联盟，其鼓励非营利组织实践自身使命、满足责信要求，这属于非营利组织的自我管理、自我服务的网络型态；二是中介网络，如台湾联合劝募协会，这种网络更多的是基于非营利组织生态网络的枢纽而成立；三是使命网络，基于共同的愿景动员不同组织的力量以形成压力集团，如已经成立的公民监督"国会"联盟，其联合49个倡导型和服务类非营利组织以监督、制衡官方的运作；再如环保联盟和未来可能出现的可持续发展联盟等。

参考文献

[1] 江明修主编《第三部门与政府：跨部门治理》，智胜文化事业有限公司，2008。

[2] 黄世明：《台湾全志·卷九·社会志·社会多元化与社会团体篇》，"国史馆"台湾文献馆，2006。

[3] 何明修、萧新煌：《台湾全志·卷九·社会志·社会运动篇》，"国史馆"台湾文献馆，2006。

[4] 萧新煌主编《非营利部门：组织与运作》，巨流图书股份有限公司，2000。

[5] 萧新煌、林国明主编《台湾的社会福利运动》，巨流图书股份有限公司，2000。

[6] 萧新煌、官有垣、陆婉萍主编《非营利部门：组织与运作》，巨流图书股份有限公司，2009。

第二章　台湾的宗教*与慈善文化

韩俊魁**

【本章摘要】宗教对台湾慈善文化的形成与影响至关重要。本章介绍了台湾宗教发展轨迹及多元局面的形成，分析以信仰为核心的台湾宗教慈善的谱系、结构、实践与意义，阐释了宗教对慈善发展的意义，并由人观己，提出文化价值支撑对慈善文化培养、慈善事业发展的意义。

---

* 这里的"宗教"，并不强调其仪轨、伦理、制度、文化、艺术、情感等复合体特征，而是专注于超自然信仰及其对社会行动的支配程度。换言之，是指精神上排除了疑问和不确定性之后的笃定，再将其作为本体的意义附着在行动之上而形成的社会行动。题目中的"慈善"，也是意涵极为复杂的词汇。例如，与 philanthropy 不同，charity 曾在文化上坚定地属于基督教传统，系基督教三大神学美德之一。而且，在欧美不同国家的不同历史时期，charity 的实指及词义厚薄亦有差别。因此，从跨文化视角不难理解，各国和地区法律法规中关于"慈善"的内涵和外延并非总是一致，甚至构成并不周延的、充满张力的分类。例如，台湾"内政部""各宗教社会服务概况"统计一栏分为"医疗机构"、"文教机构"和"公益慈善事业"3 类。"公益慈善事业"又分为养老院、身心障碍教养院、青少年辅导院、福利基金会、社会服务中心和其他等 6 类。"内政部""办理宗教团体兴办公益慈善及社会教化事业奖励要点"（1998）中把公益慈善事业分为儿童福利、青少年福利、妇女福利、老人福利、残障福利、社区福利与一般福利 等 7 类。在中国大陆，即使刚通过的《慈善法》中，慈善、公益也没有精确界定，而且经常出现同义反复。撇开词源学式的探究，本章对"慈善"进行简化处理，即与"公益慈善"等义。"文化"的定义数以百计，本章采用了"文化是观念、行为、实践等所有非自然的、宗教或非宗教的信仰体系"一说。该定义与本章使用的"宗教"一词之间有很大程度的自治性。

** 韩俊魁，北京师范大学社会学院副教授。

无论有多少线索可以追溯现代慈善的生成,宗教都是无法绕开的重要思想源泉之一。"宗教是慈善之母"的说法虽有失精当,但在绝大多数宗教传统文化中,"慈悲"、"喜舍"、"福田"、"道德"、"济世救人"、"瓦哈甫"（*Waqf*）① 等众多古老且弥新的表述俯拾皆是。这些思想延绵不断地给现代慈善以深厚滋养,并常常赋予后者以超乎寻常的价值、使命和意义。

说到台湾宗教,不论本地居民,还是外来观光客,都能强烈感受到台湾上演着宗教博览盛会的氛围。在这里,除了丰富的民间信仰、自然宗教、各种世界性宗教,还有大量新兴宗教。寺庙、教堂、神坛等难以计数。尤其是台湾"解严"之后,宗教的分化并立快速发展,至今势头依然不坠。宗教对于台湾公益慈善文化的影响至关重要,并且和台湾的义工志愿服务以及本土组织的国际化也密切相关。此外,宗教对于慈善的贡献也十分惊人。例如,台湾"内政部"2011年的一份表彰手册中提及,社会教化事业成效卓著或捐资金额达1000万元②以上的宗教团体共261个。1978年捐赠额仅11.13亿元,2010年达334.78亿元,1978~2010年为702.84亿元③。宗教对慈善事业的贡献可见一斑。基于此,围绕台湾宗教与慈善之间的关系,本章主要涉及并回答以下两个问题:一、台湾宗教的多元化局面何以形成;二、从宗教慈善实践出发,探讨以信仰为核心的台湾宗教慈善之谱系、结构、实践与意义。

---

① "瓦哈甫"是阿拉伯语音译。伊斯兰教法特指用于宗教或慈善事业的"公产"或"基金"。有学者甚至用来解释现代伊斯兰世界的社会企业。参见 Habibollah Salarzehi、Hamed Armesh、Davoud Nikbin, 2010, Waqf as a Social Entrepreneurship Model in Islam, *International Journal of Business and Management*, Vol. 5, No. 7。
② 若不特别加以说明,本文货币单位均为新台币。
③ 台湾"内政部":《年宗教团体表扬大会活动手册》,2011,第33~36页。转引自江明修、许世雨、刘祥孚:《台湾宗教慈善》,载杨团主编《中国慈善发展报告（2013）》,社会科学文献出版社,2013。

2.1 台湾宗教发展轨迹及多元局面的形成[①]

2.1.1 台湾宗教发展阶段的简要回顾

台湾宗教的发展史并非十分复杂，大致可以依据"光复"和"解严"这两个节点分为三个阶段。

少数民族在台湾繁衍生息的历史相当悠久，其信仰多属于自然宗教的范畴。明末清初，随着郑成功收复台湾以及清代设省，闽粤大量移民涌入，奠定了汉族为主体民族的格局[②]，其宗教信仰也基本原盘植入，构成台湾宗教信仰体系的基调。其间，荷兰、西班牙等早期殖民者侵入，基督教[③]得以传入，但影响有限。"直到清朝中叶以后，才开始有超越宗族和地域性组织的教派传入台湾。从中国大陆传来的教派有龙华教、金幢教和先天教（三者在日据时期合称'斋教'）；从西洋传来的有天主教和基督教长老教会"[④]；日据时期，虽然扬日本佛教抑本土道教，但随着后来中国佛教会实施的戒坛制度，日本佛教、神道教对整个台湾宗教格局影响并不大。在此阶段，西方宗教的影响力也非常小。例如，光复时，台湾仅有 20 名传教士[⑤]。

[①] 本章主要使用了文献研究法。此外，2015 年 8 月 21～26 日，笔者与以下组织或其隶属部门的负责人进行了访谈或座谈：台湾佛教慈济慈善事业基金会、门诺社会福利慈善事业基金会、台湾圣公会、台湾信义会、励馨社会福利事业基金会、台湾儿童暨家庭扶助基金会、中华基督教救助协会、"中华民国"女基督教青年会、基督教救世军、伊甸社会福利基金会、国际佛光会中华总会、天主教白永恩神父社会福利基金会、台北行天宫文教发展促进基金会、台北清真寺基金会（中华回教协会）、台湾世界展望会等。但是，笔者并不执于案例研究，而是使用多重契约理论框架，着眼于解释几个大的问题。

[②] 时至今日，按台湾"内政部"网站 2016 年 3 月更新的数据，少数民族总人口 546698 人，其中平地少数民族 256730 人，山地少数民族 289968 人。少数民族约占全台总人口 23492074（2016 年 2 月 3 日更新）的 2.3%。

[③] 台湾习惯上将"基督教新教"称为"基督教"。特此说明。

[④] 宋光宇编《台湾经验（二）——社会文化篇》之"试论四十年来台湾宗教的发展"，台北东大图书公司，1994，第 180 页。

[⑤] 郑志明：《台湾全志·卷九·社会志·宗教与社会篇》，"国史馆"台湾文献馆，2006，第 163 页。

真正的变化始于台湾光复，尤其是国民党退踞台湾之后。民国时期大量的全国性乃至世界性宗教力量进入、沉积、压缩于小小宝岛之中，台湾的宗教密度陡增，格局彻底完成了宏大转换。此后的70余年间，在急剧的社会变迁中，政治和经济是影响台湾宗教发展的两个最重要的外在变量。

光复初期，当局出于安全考虑，宗教发展的空间非常局促。按照"非常时期人民团体组织法"，每种宗教只能有一个"全国"性质的组织，大体只认可佛教、道教、基督教、天主教和回教。在对宗教管理似是而非的政治分类和确认过程中，依靠关系仍能够获得某种程度的合法性和生存空间。例如，随着理教、轩辕教、巴哈伊教、天理教和天帝教等特批，"解严"前台湾有10个合法宗教[1]。即使国民党大力倡导符合其意识形态的样板民俗戏曲，但整体而言，民间信仰等小传统文化所受影响不是很大，反而随着20世纪60年代台湾经济起飞出现本土文化的复振。

光复至"解严"期间，宗教力量发生了相对明显的变化。大约以台湾经济20世纪60年代中期进入繁荣以及外援中止为界，天主教1949~1963年进入快速增长期，信徒人数的年增长率均在10%以上，1964年后进入成长停滞期；基督教在1945~1964年快速增长，1965年后进入停滞阶段。一些独立教会和新传入的基督教派基本稳定或缓慢增长。20世纪80年代之前的佛教是各类宗教中变化幅度最小的，之后开始有大的发展[2]。稍晚的一项研究也指出，随着60年代中期

---

[1] 郑志明：《台湾全志·卷九·社会志·宗教与社会篇》，"国史馆"台湾文献馆，2006，第38页。

[2] 瞿海源、姚丽香：《台湾地区宗教变迁之探讨》，载瞿海源、章英华主编《台湾社会与文化变迁》，中研院民族学研究所，1986，第655~685页。转引自郑志明：《台湾全志·卷九·社会志·宗教与社会篇》，"国史馆"台湾文献馆，2006，第41页。另据台湾"内政部"2005年《台闽地区寺庙、教会（堂）概况调查》显示，道教及佛教的成立时间最早；一贯道、弥勒大道于1981年以后达到成立的高峰期；基督教成立时间较为分散，天主教成立的高峰期为1951~1960年；摩门教成立的高峰期为1961~1970年；天理教成立的高峰期为1971~1980年。

台湾经济的飞速发展,西洋教派的发展出现了持平甚至衰退的现象,本土寺庙与教派却蓬勃发展。包括民间信仰在内的道教于1981~1985年出现跃升,1986年之后呈现稳定上升①。总之,这些学者关于台湾各类主要宗教此消彼长规律的认识大同小异。

"解严"后,尤其是1989年1月"人民团体法"修订版②的颁布,打破了以往宗教团体的严格管制格局,本土各类传统宗教团体及新兴宗教团体如雨后春笋般涌现。2014年,台湾"内政部"统计的宗教分为寺庙类和教(会)堂两大类。前者包括道教、佛教、理教、轩辕教、天帝教、一贯道、天德教、儒教、亥子道、弥勒大道、中华圣教、宇宙弥勒皇教、先天救教、黄中、玄门真宗、天道、其他等17类;后者包括天主教、基督教、回教、天理教、巴哈伊教、真光教、山达基教会、统一教、摩门教以及其他等10类③。从表2-1的"内政部"官方数据看出,即使经过"解严"初期组织创立的井喷,从1997年至2014年,寺庙数仍每年稳定递增;教堂数量虽略有增加,但历年中常有波动。

表2-1 台湾"内政部"各宗教教务概况一览表

单位:个,人

年份	寺庙教堂数	信徒人数(依各宗教皈依之规定)	寺庙数	信徒人数	教堂数	神职人员数	教徒人数
1997	12452	1575216	9321	985410	3131	6031	589806
1998	12492	1588904	9375	1000565	3117	5297	588339
1999	12548	1623968	9413	1029152	3135	6104	594816

---

① 宋光宇:《试论四十年来台湾宗教的发展》,载《台湾经验(二)——社会文化篇》之"试论四十年来台湾宗教的发展",台北东大图书公司,1994,第175~224页。

② 其第一章通则第一条即规定:"人民团体在同一组织区域内,除法律另有限制外,得组织两个以上同级同类之团体,但其名称不得相同。"

③ 因没有相关团体,太易教被从统计资料中删除。

续表

年份	寺庙教堂数	信徒人数（依各宗教皈依之规定）	寺庙数	信徒人数	教堂数	神职人员数	教徒人数
2000	12533	1577208	9437	1011109	3096	5835	566099
2001	12970	1630744	9832	1053165	3138	5903	577579
2002	14647	1656101	11423	1068550	3224	6417	587551
2003	14747	1552956	11468	974713	3279	6465	578243
2004	14536	1525507	11384	946469	3152	6598	579038
2005	14654	1521729	11506	964892	3148	6573	556837
2006	14730	1519297	11573	961733	3157	6513	557564
2007	14840	1534955	11651	964381	3189	6691	570574
2008	14993	1540709	11731	967630	3262	6248	573079
2009	15095	1554866	11796	980558	3299	6328	574308
2010	15198	1568816	11892	989176	3306	6607	579640
2011	15285	1588327	11967	1005382	3318	6454	582945
2012	15296	1607133	12026	1010662	3270	6319	596471
2013	15406	1581383	12083	988568	3323	6620	592815
2014	15385	979519	12106	979519	3279		

说明：

1. 台南市于2013年12月修正2011年及2012年教堂相关资料。
2. 信徒人数在2013年以前含寺庙信徒人数与教（会）堂教徒人数，自2014年起仅包括寺庙信徒人数。

资料来源：直辖市及县（市）政府。

据台湾"内政部"2005年《台闽地区寺庙、教会（堂）概况调查》，寺庙和教会（堂）的数量比约为2.5∶1。在15071个寺庙、教会（堂）中，道教占55.83%，基督教占22.53%，佛教占13.96%，三者占总数的92.32%。地域分布上，南部地区寺庙最多（4301

个);中部地区次之(3107个);北部地区再次之(2278个)。在教会(堂)分布方面,北部地区最多(1064个),南部地区次之(991个);中部地区再次之(848个)。

鉴于寺庙信徒的流动性身份、非制度化特征以及台湾并不顺畅的宗教管理政策,寺庙及信徒的相关统计数据远远不能反映真实情况。而教堂的神职人员和教徒的识别特征比较明显和固定,统计数据较为可靠。表2-1显示,1997~2014年,教堂神职人员数增加了近10%,但教徒人数仅增加了0.5%。

2.1.2 对台湾宗教发展史上两个现象的解释

台湾宗教发展史有两个很有意思的现象,即宗教兴起的原因,以及20世纪60年代以来,为何本土宗教较西方宗教的发展更为繁荣。这两个议题不仅是地方性知识,也是全球范围内的重要研究主题。

20世纪60年代,现代化理论和宗教世俗化理论盛行之时,全球性宗教复振运动却以吊诡的方式紧随而现。知识分子总是将社会现象或社会事实进行概念化,但从未清晰界定过何为世俗化、何为宗教复振,因而产生大量无谓的纷争。例如,经济被认为是推动宗教世俗化的重要动力之一。随着经济的发展,社会奉消费主义乃至金钱拜物至上观,宗教被压缩在逼仄的私人信仰领域。在台湾案例中,有学者认为本土宗教的兴起源于台湾经济腾飞之后,人们有足够的经济实力捐香油钱或建庙。真可谓成也萧何败也萧何。两种观点显然相悖。经济怎么会起相反的作用?要么其中之一正确,要么二者均不成立。即使经济决定论的说法成立,逐步富裕的台湾基督徒也应该带动教会、教堂的勃兴,但事实并非如此。可以说,经济并非解释宗教复振的本质变量。

斯达克和芬克的宗教市场理论批判了宗教世俗化理论。这种理论并非简单的经济决定论,而是将宗教作为由供求关系和自由竞争决定的市场。在他们看来,某个社会中的宗教需求相当稳定。宗教之所以出现重大变化,是因为宗教的供给方发生了变化。而且,宗教管制越

第二章　台湾的宗教与慈善文化

严和有效，宗教参与程度就会越低，反之则越高。在解释宗教自由但实践差别很大的欧洲和美国之差异方面，彼得·伯格等学者"国家—宗教关系"的解释更有说服力①。

至于社会转型理论，将诸多因素囊括其中，看似流行、中允，但面面俱到的背后是无法证伪的表述。人类社会无时不在转型或变迁之中，转型说对寻求确定因果关系为己任的社会科学来说，价值有限。对于大多数被理性熏陶出的研究者，宗教复振的非理性说②亦很难被接受。况且，按照迪尔凯姆的说法，社会事实只能用社会事实，而不能用心理事实来解释③。

知识论转向以后，社会科学研究者从未放弃对楚河汉界彼岸的宗教进行理论解释。基于欧洲思想史的梳理，并借助路易·迪蒙"垂直契约"和"水平契约"一组概念④，笔者也尝试着提出多重契约理论框架⑤。简要地说，宗教改革中，首先，"因信称义"使得"人"与"宗教僧侣组织"产生垂直契约式分离。尤其是加尔文，"使包含国家的教会作为整体主义体制消灭了"⑥。其次，威斯特伐利亚和约确立"教随国定"的原则，实际上是宗教改革思想的进一步延伸。经历了马基雅弗利、让·博丹等政治学家的拓荒，直至启蒙思想运动，国家彻底摆脱了亚里士多德意义上的城邦国家以及中世纪漫长过

---

① Peter L. Berger, Grace Davie and Effie Fokas, *Religious America, Secular Europe? A Theme and Variations*, Ashgate Publishing Limited, 2008.
② 瞿海源曾对阿多诺的非理性文化解释模式进行了概括。参见瞿海源《新兴宗教与社会变迁》，《弘誓》108 期，2010 年 12 月。
③ 〔法〕E. 迪尔凯姆：《社会学方法的准则》，狄玉明译，商务印书馆，1995。
④ 〔法〕路易·迪蒙：《论个体主义：对现代意识形态的人类学观点》，谷方译，上海人民出版社，2003。
⑤ 韩俊魁：《超越国家还是被国家驯服？——国际非政府组织发展的人类学研究》（未刊稿），2015。
⑥ 〔法〕路易·迪蒙：《论个体主义：对现代意识形态的人类学观点》，谷方译，上海人民出版社，2003，第 54 页。

程中与基督教的纠葛，以政教分离的现代性方式[1]奠基起来。第三次则是"公民"和"国家"之间的契约生成。第四次则是公民之间缔结的契约，即自由结社。隐含的另一个契约则是在古老的基督教传统作用下的个体与家庭之特殊关系。在这四个契约维度上，天主教和新教都呈现出不同面向。但更主要的差别还不在这里，而在于政教关系。所谓世俗化的欧洲与宗教化的美国，正是由不同的政教分离方式所形塑[2]。在台湾，民主化转型过程中，"公民"身份构建出来，对官方的依附关系大大削弱。本土弥散性宗教（diffused religion）的特点[3]本来使得宗教与信徒身份并不紧密，但随着日益转型的本土宗教对组织化的强调，二者的关系反而被强化。因此，随着"解严"后政教分离精神的弘扬，以及佛道等禁欲主义的观念影响，作为个体的人更容易靠近宗教组织，从而出现宗教复振。

至于第二个现象，为何在宗教自由竞争中，本土宗教占优。这一问题似乎并不难回答。首先，20世纪60年代台湾经济腾飞之后，很多西方教会背景的慈善组织退出或缩减规模。其次，更深刻的原因在于，中国传统文化中，一向以民间宗教为主、佛道等教为辅。弥散性宗教的特点使后者从前者中不断汲取资源。中国式的宗教制度化很弱，其信仰以家庭、宗族、社区为载体。可以说，台湾社会中的这些载体延续至今，为民间信仰提供了沃壤。每座寺庙都是西方教会难以逾越的屏障。当然，佛教、道教面向人间的改革，信徒基数大；一般民众较难接受基督教等宗教仪轨，也是产生这一现象的重要原因。

---

[1] 在西方，这种分离似乎从未真正实现过。教会的国家化以及国家的教会化过程一直存在。见〔美〕弗朗西斯·福山《政治秩序的起源》，毛俊杰译，广西师范大学出版社，2012。

[2] Peter L. Berger, Grace Davie and Effie Fokas, *Religious America, Secular Europe? A Theme and Variations*, Ashgate Publishing Limited, 2008.

[3] C. K. Yang, *Religion in Chinese Society: A Study of Contemporary Social Functions of Religion and Some of Their Historical Factors*, University of California Press, 1961.

2.2 以信仰为核心的台湾宗教慈善的谱系、结构、实践与意义

2.2.1 台湾宗教慈善组织的谱系与结构

论及宗教慈善时,人们往往从经典教义中阐幽发微。殊不知,若不观照或结合该宗教信仰支配下的社会事实和社会行动,教义推断的演绎法极容易滑入偏狭。即使在马克斯·韦伯关于新教伦理与资本主义精神的著名论断中,宗教教义和伦理有着不言自喻的现实呼应,但其论证链条仍不无疑问,因而有无法证实亦无法证伪的文化决定论之嫌。下文论述所采取的方法是:先对宗教慈善的社会事实进行描述、比较,然后再对支配宗教慈善的宗教信仰文化进行探讨。

一些研究成果认为,宗教和慈善捐赠之间存在很强的正相关关系。例如,本·约翰逊(Ben Johnson)运用赫克曼选择模型(Heckman selection model)和受限因变量模型(Tobit model)发现,天主教徒和新教徒比没有宗教信仰者更愿意进行慈善捐赠;天主教徒、犹太教徒、新教徒和非基督信众比没有宗教信仰者更愿意进行慈善捐赠[1]。当然,来自西方的经验只是一家之言,只能说明宗教对于慈善的关联性。在西方社会,信徒将捐赠作为自己的义务逻辑上无懈可击,但我们知道,信徒捐赠的财物、时间等并非总是百分百地用于公益慈善。前面也说过,宗教只是现代慈善重要但并非唯一的来源。在"捐赠美国"(Giving USA)的统计数据中,与宗教相关的捐赠数额一直稳定在总额的三分之一左右。欲了解华人社会,尤其是细致了解台湾的宗教慈善,就需要深入剖析不同宗教的慈善谱系、结构、实践及意义。

首先来看宗教慈善的组织谱系与结构。

除了表2-1中的寺庙(按"监督寺庙条例"不具备法人资格)

---

[1] Ben Johnson, *Religion and Philanthropy*, April 7, 2012.

与教会（堂），提供宗教慈善的主体还包括难以计数的神坛、宗教社团法人、以信仰为本的财团法人。而且，实践中，这一谱系更为复杂。例如，即使均为著名佛教组织，佛光山是以弘法利生为目的的宗教组织，国际佛光会是为团结信徒而组成的人民团体，慈济功德会则是由在家居士、"委员"组织活动为主体的自下而上的人民团体①。总之，在这一谱系中，宗教的神圣性不断减弱，宗教事务不断减少，而社会福利功能在一定程度上不断增强。在这个谱系之中，可以进入"人类需要与信仰及社区行动工作组"（Working Group on Human Needs and Community Initiatives）提出的从纯粹的宗教组织到纯粹的世俗组织的连续谱系，宗教性逐步减弱：被宗教信仰浸透的组织—以宗教信仰为中心的组织—隶属宗教的组织—有宗教背景的组织—宗教性/世俗性兼具的组织—世俗组织。根据"内政部"官方统计数据（图2-1），1977~2015年，全台性质的宗教团体数量从16个增长到了1317个，短短不到40年，增长82倍。地方性宗教团体数量从1980年的54个增长至2015年的1479个，35年间增长27倍

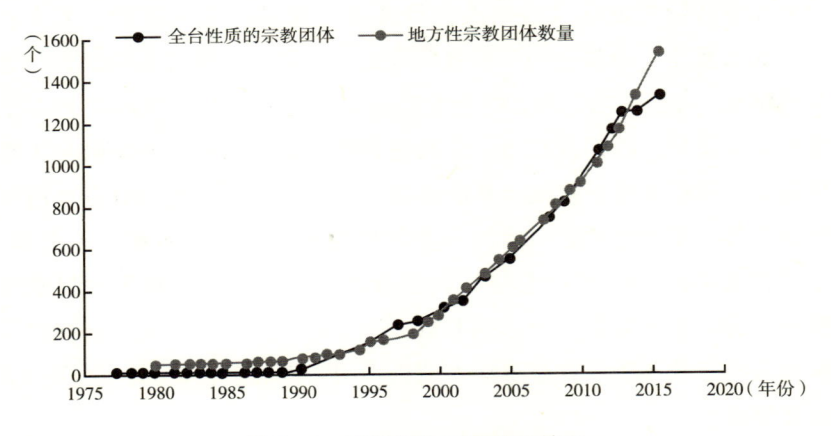

图2-1 宗教团队历年增长情况

---

① 郑志明：《台湾全志·卷九·社会志·宗教与社会篇》，"国史馆"台湾文献馆，2006，第154页。

之多。之所以全台性质的宗教团体增幅大，可能和"人民团体法"修订之后快速攀升、远远突破了之前一教一会之限制有关。2001~2014年，宗教类福利基金会的数量（个）依次为84、80、71、61、101、109、84、70、71、69、73、65、95、75。2006年以后此类基金会数量的下降，从表2-2可以看出，主要源自道教类福利基金会的大幅减少。

台湾"内政部"2005年《台闽地区寺庙、教会（堂）概况调查》显示，寺庙中，仅6.69%设立了财团法人，其余分别采取管理委员制、管理人制、执事会等。道教中，仅5.06%设立财团法人；佛教中，设立财团法人的比例略高一些，但也仅为12.22%。儒教设立财团法人的比例为41.67%，明显高于其他类型的寺庙。但在教会（堂）中，78.22%的总单位（含总会、独立教会）、72.28%的中单位以及66.93%的分单位均成立了财团法人。基督教中，不论哪个层级的单位，成立财团法人者皆达到70%以上，其中总单位设立的比例为77.36%；天主教总单位成立财团法人的比例（82.72%）要比低层级的比例高。

由上看出，佛教、道教等台湾本土宗教的现代公益的组织化程度明显弱于基督教和天主教。换言之，在宗教慈善谱系的分化与构成上，前者比后者弱。出现这种现象的原因和后果，我们将在后面讨论。

2.2.2 不同宗教的慈善实践比较

前面讲到，有研究者认为有宗教信仰者比没有宗教信仰者更乐善好施。姑且不论这一结论是否具有普遍意义。就台湾"内政部"2005年《台闽地区寺庙、教会（堂）概况调查》报告，提及一个有意思的现象，即全体寺庙的经常性收入（占全年总收入的90.18%）中，最高的是捐助奉献收入，占44.73%，服务收入次之，占21.52%；全体教堂的经常性收入（占全年总收入的92.79%）中，最高的也是捐助奉献收入，占78.51%，财产所得次之，占4.46%。这些数据似乎说明天主教和基督新教比寺庙信徒更爱捐赠，但笔者未见到不同宗教信徒之间，同一时段内，以个人或家庭为单位慈善捐赠的更有说服力的比较数据。

接下来，我们用台湾"内政部"其他官方统计数据以及学者整理的数据，对不同宗教的慈善实践进行比较。需要说明的是，在统计时，台湾"内政部"将各宗教社会服务概况分为三大块：医疗机构、文教机构和公益慈善事业。其中，公益慈善事业又分为养老院、身心障碍教养院、青少年辅导院、福利基金会、社会服务中心以及其他。说是"公益慈善事业"，其实是公益慈善机构。表 2-2 数据正是在"公益慈善事业"狭义上的呈现。

表 2-2 台湾"内政部"关于不同类型宗教的"公益慈善事业"的统计

	养老院数	身心障碍教养院数	青少年辅导院数	福利基金会数	社会服务中心数	其他
道教 (2001~2014)	5、4、4、5、5、5、6、6、7、6、6、6、6、5	3、3、0、1、1、6、7、10、7、15、1、15、15、16	4、4、1、1、1、1、2、2、1、1、1、1、1、0	47、41、38、36、66、74、49、41、41、42、43、36、47、38	31、36、28、19、48、56、56、56、53、53、49、51、49、41	22、36、28、27、27、36、27、42、50、44、45、36、51、48
佛教 (2001~2014)	5、5、4、4、3、4、4、6、5、3、5、5、5、8	5、5、2、2、2、1、0、3、6、7、7、7、6、7	3、3、1、2、2、4、4、5、4、5、7、5、4、4	15、18、16、16、23、21、19、18、18、17、19、19、26、19	14、16、15、13、16、20、27、25、24、19、19、20、21、18	32、32、36、33、36、55、61、65、64、37、18、13、12、10
理教 (2001~2014)	0	2001 年为 1，其余为 0	2001 年为 1，其余为 0	2013 年为 2，2014 年为 1，其余为 0	0	2008、2012 年各为 1，其余为 0
轩辕教 (2001~2014)	0	0	0	0	0	0
天帝教 (2001~2014)	0	0	0	0	0	0
一贯道 (2001~2014)	2001、2002 年各为 1，其余为 0	2009、2010 年各为 1，其余为 0	2001、2002、2013、2014 年各为 1，其余为 0	4、3、3、3、3、3、4、3、2、1、2、2、6、4	2、2、3、2、4、4、4、5、2、4、5、4、4、4	0、0、0、1、1、4、4、4、6、7、6、6、1、2

续表

	养老院数	身心障碍教养院数	青少年辅导院数	福利基金会数	社会服务中心数	其他
天德教(2001~2014),2014年改称天德圣教	2003年为1,其余为0	2003年为1,其余为0	0	0	2、2、1、1、1、1、1、0、0、0、0、0、0、0	2001年为1,其余为0
儒教	0	0	0	0	0	0、0、0、1、4、3、3、0、0、0、0、0、0、0
太易教(2001~2013)	0	0	0	0	0	0
亥子道(2001~2014)	0	0	0	0	0	0
弥勒大道(2001~2014)	0	0	0	0	0	0
中华圣教(2001~2014)	0	0	0	0	0	0
宇宙弥勒皇教(2001~2014)	0	0	0	0	0	0
先天救教(2004~2014)	0	0	0	0	0	0
黄中(2004~2014)	0	0	0	0	0	0
玄门真宗(2007~2014)	0	0	0	0	0	0
(寺庙类)其他(2001~2014)	0	0	0	0	2003年为1,其余为0	0
天主教(2001~2014)	6、6、8、10、7、6、7、7、7、7、6、7、8、9	14、14、12、12、11、8、9、9、9、9、8、10、10、28	0、1、0、0、0、0、0、2、2、4、4、4、4、6	4、4、2、2、3、3、3、3、5、5、5、5、5、4	7、6、11、13、14、19、19、24、22、18、16、14、14、37	24、22、26、26、25、27、25、31、32、30、39、39、38、39
基督教(2001~2014)	3、3、4、6、7、9、8、7、7、7、5、4、5、6	5、4、4、5、4、6、6、5、5、5、2、2、2、2	5、6、4、4、5、6、10、4、4、2、1、1、1、2	14、14、12、4、6、8、9、5、5、4、4、3、9、9	20、18、19、19、23、29、23、29、26、25、29、34、31、33	76、77、78、72、80、113、92、80、69、54、102、105、88、85

续表

	养老院数	身心障碍教养院数	青少年辅导院数	福利基金会数	社会服务中心数	其他
回教 (2001~2014)	0	0	0	0	0	0、0、0、0、0、0、0、0、1、2、1、0、0、1
天理教 (2001~2014)	0	0	0	0	0	1、1、1、1、1、2、2、2、1、0、1、2、2、1
巴哈伊教 (2001~2014)	0	0	0	0	0	0
山达基教会 (2005~2014)	0	0	0	0	0	0
统一教 (2010~2014)	0	0	0	0	0	0
摩门教 (2010~2014)	0	0	0	0	0	0
教(会)堂类"其他"(2001~2014)	0	0	0	0	0	0

资料来源：本表所有数据均来自台湾"内政部"网站。

表2-2数据显示，道教、佛教、天主教和基督教所举办的公益慈善机构数量占到所有宗教类型举办慈善机构的绝对多数。而且，和天主教、基督教类机构相比，道教、佛教类机构在数量上全面占优。即使将所谓"公益慈善事业"的范围扩展至医疗机构和文教机构，这一结论也是成立的。

细究表2-2中的数据，还可以发现：①佛教、天主教、基督教的公益慈善机构数据的稳定性较强，道教类机构的历年数据变化幅度最大。这是因为，和前者相比，道教的弥散型特征最强。台湾"内政部"2005年《台闽地区寺庙、教会（堂）概况调查》显示，台湾92.62%的寺庙互不隶属。其中，道教互不隶属的比例（94.69%）

较之儒教（91.67%）、佛教（87.85%）、弥勒大道（79.17%）、一贯道（58.35%）和其他寺庙（69.71%）的比例都高；②具体指标方面，各类宗教的养老院数比较稳定，这与台湾突出的养老需求相契合；在身心障碍教养院方面，道教类机构的变化幅度很大。天主教类教养院在2013~2014年间有较大幅度增长，佛教和天主教类教养院数量变化不大；青少年辅导院数量方面，道教类辅导院几经变化，至2014年竟归于零；天主教类辅导院在增加，基督教类辅导院在减少，而佛教类辅导院数量相对稳定；福利基金会方面，最稳定的是天主教类基金会，道教类基金会变化幅度最大；社会服务中心数量方面，除了天主教类中心数量于2013~2014年明显增加外，其他宗教类中心数量差别不大。至于"其他"组织，笔者并不知分类标准，所以无法进行比较。

表2-2是"内政部"自2001年以来的相关数据。为了历史感地呈现各类宗教公益慈善事业的变化，下面引用了表2-3的数据作为参照。

表2-3 光复以来台湾地区宗教福利机构的发展情形（按宗教别分）

	天主教						基督教						佛教						合计
年代	1941	1951	1961	1971	1981	1987	1941	1951	1961	1971	1981	1987	1941	1951	1961	1971	1981	1987	
医疗	3	14	20	4	2	2	2	12	8	3	—	10	—	—	1	4	7	7	100
教育	—	12	32	3	—	—	2	7	5	1	—	1	1	1	2	3	1	4	76
儿童	—	—	2	1	1	1	2	3	34	2	—	1	1	2	6	1	3	—	60
年代	1941	1951	1961	1971	1981	1987	1941	1951	1961	1971	1981	1987	1941	1951	1961	1971	1981	1987	
老人	—	—	1	2	1	5	—	1	2	1	—	24	—	—	3	4	—	3	48
残障	—	—	2	14	2	3	2	55	42	1	—	—	—	—	—	—	—	4	44
妇女	—	-1	3	2	1	—	—	1	1	3	—	—	—	—	—	—	—	12	12
青年	—	1	6	6	2	1	—	2	4	12	8	5	—	—	—	—	—	1	47
山胞	—	—	3	2	—	—	—	6	6	4	—	1	—	—	—	—	—	—	22
少年	—	—	1	—	—	—	—	2	2	—	—	—	—	—	—	—	—	—	5

续表

	天主教						基督教						佛教						合计
咨商	—	—	1	5	—	1	—	—	4	10	—	—	—	—	—	1	—	1	23
社区	—	—	—	—	—	—	—	—	—	4	—	1	—	—	—	—	—	—	5
综合	—	3	6	7	—	2	—	1	4	2	4	4	—	—	1	2	—	4	40
合计	3	30	74	48	10	18	10	33	83	44	16	46	1	2	9	19	10	26	482
小计比例	183 38.0%						232 48.1%						67 13.9%						

资料来源：该表引自王顺民《当代台湾地区宗教类非营利组织的转型与发展》，台湾洪叶文化事业有限公司，2001年，第99页。

从表2-3看出，至少在"解严"之前，和本土宗教的慈善服务相比，西方宗教提供的服务占据绝对优势，可以说是台湾现代宗教慈善史上的先驱和启蒙者。在该表数据以及综合其他研究成果的基础上，王顺民教授将西方在台宗教团体福利服务的发展模式划分为三个阶段：1941~1961年以提供医疗、教育服务为主的传统慈善发展阶段，20世纪60年代以提供残障、劳工、咨商等倡导服务为主转型发展阶段；1981年以来的多元化发展阶段。然后，将本土宗教团体福利服务的发展模式分为两个阶段：1941~1971年间的老人、医疗、儿童服务为主的传统慈善发展阶段，以及20世纪70年代以来医疗、教育以及其他服务为主的转型发展阶段[①]。郑志明教授将基督教在台的福利服务事业分为济贫式福利工作、机构式福利工作、社区式福利工作和人权式福利工作等四种面向，将本土宗教的福利事业也分为四种面向，即夸富式福利工作、自利式福利工作、志业式福利工作和行销式福利工作。这种划分进一步细化了西方宗教与本土宗教在公益慈善供给模式之间的分野[②]。

[①] 王顺民：《当代台湾地区宗教类非营利组织的转型与发展》，台湾洪叶文化事业有限公司，2001，第101~117页。
[②] 郑志明：《台湾全志·卷九·社会志·宗教与社会篇》，"国史馆"台湾文献馆，2006，第248~251页。

相比之下，不论机构数量、社会正义倡导还是现代慈善转型方面，本土宗教的福利服务"解严"以前均处于下风。台湾的教会福利机构数与寺庙福利机构数两者的比例为 88.9∶11.1。王顺民教授进而敏锐察觉到，除了早期的社会、经济因素外，这一现象还和西方宗教的教会（堂）与其服务机构分立设置，本土宗教往往仅由寺庙本身来直接从事社会服务的组织特性密不可分。换言之，西方宗教由专职的人员和机构提供服务，本土宗教取决于神祇灵验性而做救世济人的工作，仿佛"神明"自身在从事公益慈善活动[①]。

　　上述两位学者还对"解严"前二者之间的差距、差距背后本土宗教的制约因素以及本土宗教志业式福利的潜力等进行了分析。但和表 2-3 中的数据相比，表 2-2 中 2001～2014 年的数据表明，台湾本土宗教公益慈善事业进入 21 世纪后已经有了长足进步。

　　西方宗教的教会（堂）与其服务机构分立设置，本土宗教往往仅由寺庙本身来直接从事社会服务的组织特性这一看法，简单回应了之前提出的组织谱系问题。可以说，组织谱系与结构决定了公益慈善模式的分野。对于王顺民教授提出的疑问，吊诡的是，西方宗教福利服务并未推动教会（堂）的增加，甚至可以说没有直接的相关关系，但本土宗教慈善活动为什么对宗教势力的扩张作用明显？[②] 笔者认为，正是因为本土宗教慈善谱系的模糊不清导致了这一结果。但我们还需要进一步追问的是，那又是什么支配或决定了宗教组织的谱系与结构？这就必须要回到文化层面对这些问题进行解答。

2.2.3　宗教信仰对于慈善的意义

　　上文已经就台湾的西方宗教及本土宗教的公益慈善实践进行了比较，这里主要围绕宗教文化进行论述。

[①]　王顺民：《当代台湾地区宗教类非营利组织的转型与发展》，台湾洪叶文化事业有限公司，2001，第 113～114 页。

[②]　王顺民：《当代台湾地区宗教类非营利组织的转型与发展》，台湾洪叶文化事业有限公司，2001，第 114 页。

开篇提到，文化是观念、行为、实践等所有非自然的、宗教或非宗教的信仰体系。而绝大部分宗教信仰体系中，都不乏关于"善"的经典论述。例如，在天主教和基督教中，作为"爱"的同义词，慈善（charity）是三大神学美德之一，也是神学意义上最重要的美德，是基督之爱的最高形式。慈善源于神，止于神[1]。《圣经》所言："不是我们爱神，乃是神爱我们，差他的儿子为我们的罪作了挽回祭，这就是爱了。亲爱的弟兄啊，神既是这样爱我们，我们也当彼此相爱。从来没有人见过神，我们若彼此相爱，神就住在我们里面，爱他的心在我们里面得以完全了。"这里，上帝对信徒之爱、信徒对上帝之爱以及信徒之间的爱是融为一体的。在本土宗教中，诸如佛教的慈悲、福田、菩提心，道教的慈爱和同、济世救人的论述亦比比皆是。

但毫无疑问，现代公益慈善以天主教，尤其是基督教新教为主的国家最为发达。当然，有人会说，这主要和这些国家的经济发达有关。但笔者认为，和经济的关系相比，现代公益慈善的产生与宗教文化的关系更密切、更直接。依笔者前面提出的理论框架来看，经过几次契约运动，不论形式还是实质的文化意义上，不必附着在宗教僧侣组织、国家以及家庭中的个体，容易受到基督教慈善使命的感召。一旦和自由结社为根基的现代公益组织相结合，就孕育和开显出现代公益慈善事业来。

本土宗教并未成为台湾现代公益慈善的先行者和启蒙者。虽有太虚大师以及印顺法师人间佛教的开启，作为台湾宗教慈善代表人物的证严上人，亦是在西方宗教刺激之下发愿建医院（表 2-3 的数据显示，佛教建现代医疗机构也是 20 世纪 60 年代以后的事情了）。慈济真正的发展也是 1979 年证严上人发愿建医院之后才开始的[2]。借助

---

[1] Richard P. Mcbrien (general editor), *The HarperCollins Encyclopedia of Catholicism*, 1995, Harper Collins Publishers Inc. pp. 300 – 301.

[2] 郑志明：《台湾全志·卷九·社会志·宗教与社会篇》，"国史馆"台湾文献馆，2006，第 154~155 页。

于基督教公益慈善的做法，缘起性空、无我等精妙思想才真正为佛教公益慈善事业奠定了"众生平等"的普世主义基础，为其国际化铺平了道路。其他本土宗教也是通过学习而加入到现代公益慈善的行列中来。

```
福利国家（制度化的行善）
    个人   →   中介   →   机制   →   他人
    公民权益    国家     社会连带   （一种单方交换关系）
西方宗教（神圣性的行善）
    个体   →   中介   →   机制   →   他人
    荣耀上帝    造物者   原罪预选   （一种单方交换关系）
本土宗教（现世性的行善）
    个体   →   中介   →   机制   →   个体
    累功积德    神祇     因果轮回   （双向约定交换关系）
大乘佛教（功德式的行善）
    众生   →   中介   →   机制   →   众生
    福报功德    法师     业报轮回   （非对称性交换关系）
```

图 2-2　"福利国家"、"西方宗教"与"本土宗教"不同的机制处遇

　　资料来源：王顺民：《当代台湾地区宗教类非营利组织的转型与发展》，台湾洪叶文化事业有限公司，2001，第 268 页。

　　为解释这一现象，王顺民教授对图 2-2 中的不同机制进行了比较。这种比较很直观，有一定道理，但也存在诸多疑问：制度化行善与神圣性行善都是从个人到他人的利己主义？都是一种单方交换关系？现世性宗教纯粹是个体至个体的利己主义？功德式行善的众生的身份和实指是谁？个人和个体的差别是什么？因果轮回和业报轮回的差别又是什么？

　　仍用笔者的理论框架进行解释。在横向契约维度上，台湾本土宗教在政府与宗教关系方面没有理顺，宗教分类一直不清晰，"宗教

法"呼吁多年却始终未能出台。看似西方政教分离原则写进宪判性规定,作为不言自明的公理,并未经过法国或美国式的单向分离。世俗依然世俗,原本应该神圣的却未必神圣。在纵向契约维度上,在信徒与宗教信仰之间,以及信徒和政府之间,作为个体公民的发育有了很大进展,但依然暧昧不明。例如,类似于台湾某些教会的政治倡导、权利关注等,在台湾本土宗教身上似乎很难发生。个体公民的发育没有完型,神圣开显现代公益慈善之路自然艰难。但话说回来,这些维度的契约在台湾社会转型中已经有了不同程度的型构。而且,在另一个契约维度——个人与家庭关系上,秉承古老的禁欲主义传统,佛教、道教却包含了更为纯粹的利他主义。一旦采取类似于人间宗教面向的宗教变革,透过更加组织化的活动,其传统慈善资源又被大大激活。经济学对于捐赠动机研究的研究恰恰从一个侧面佐证了这一点。一些经济学者一改"经济人"假设中的利己视角,从"利他"审视捐赠行为时,通过构建基准模型解释利他型捐赠动机与弱势群体获得公共物品供给之间的博弈和制度建构,认为制度化的利他捐赠能有效提升资源配置的效率,达到帕累托最优,从而避免撒玛利亚人困境[1]。

由此可见,本土宗教公益慈善的组织谱系,与实践中宗教与慈善相互推动,以及信仰文化的结构性特征之间互为自洽。其中,信仰文化的结构具有支配性作用,尽管该结构尚在变迁之中。与此同时,需要强调的是,宗教公益慈善活动中,信仰是双刃剑:在促进公益慈善的同时,也会对之构成制约。这不仅在宗教团体的发展上,在宗教公益慈善的政策层面上也有所表现。例如,"(台湾宗教团体)表面上杀出了一条生路浮现出蓬勃发展的热门景象,实际上隐藏着不少内在

---

[1] Stephen Coate, 1995, Altruism, the Samaritan's Dilemma, and Government Transfer Policy", *The American Economic Review*, Vol. 85, No. 1; David C. Ribar and Mark O. Wilhelm, 2002, "Altruistic and Joy-of-Giving Motivations in Charitable Behavior", *Journal of Political Economy*, Vol. 110, No. 2.

体系性的矛盾与外在制度性的危机"[1]。江明修等教授亦指出，截至2011年底，已有127个公益团体签署成为"台湾公益团体自律联盟"会员，但宗教类团体仅13个，且大部分为基督教或天主教成立的社会福利基金会，台湾几个较大之佛教团体尚未加入。台湾"公益劝募条例"（1996）第二条规定：宗教团体、寺庙、教堂或个人，基于募集宗教活动经费之目的，募集财物或接受捐赠之行为，不受"公益劝募条例"之规范，而交由"监督寺庙条例"、"寺庙神坛管理或辅导办法"或"宗教团体法草案"管理。在给宗教体较大自主空间的同时，也较容易发生宗教敛财以及募款金额、经费运用黑箱作业情况[2]。

2.3 结语：看人看我

台湾地区宗教类非营利组织捐助的公益慈善支出金额约占全台最高当局社会福利支出总额的5%，若加上寺庙、教堂、神坛等，贡献更为巨大[3]。事实上也是如此，宗教公益慈善已成为台湾公益慈善界最为瞩目的亮丽风景。在全球很多国家和地区，在不同信仰、不同种族的弱势群体中，慈济、佛光山、台湾儿童暨家庭扶助基金会、台湾展望会等组织的活动越来越频繁。如果按照"既主张特殊性血缘亲情构成了普遍性仁爱理想的本根基础，又因此而导致普遍性仁爱理想陷入难以摆脱的无根状态，成为孔孟儒学自身无法消解的一个悖论"[4]的说法，孔孟儒学对现代公益慈善的启蒙实在有限。于是，宗教担起大任。在这里，宗教将神圣与俗世的服务变成心意相通的连

---

[1] 郑志明：《台湾全志·卷九·社会志·宗教与社会篇》，"国史馆"台湾文献馆，2006，第36页。
[2] 江明修、许世雨、刘祥孚："台湾宗教慈善"，载杨团主编《中国慈善发展报告（2013）》，社会科学文献出版社，2013。
[3] 王顺民：《当代台湾地区宗教类非营利组织的转型与发展》，台湾洪叶文化事业有限公司，2001。
[4] 刘清平：《无根的仁爱》，《哲学评论》2002年第1卷。

接,将人变成现象学式充盈着绵延不断、意义丰满的个体。个体、宗教团体乃至整个宗教,均在现实耕耘中实现了某种精神超越。通过多重契约理论框架,本章解释了台湾宗教复振、本土宗教的勃兴、宗教公益慈善的谱系结构以及不同慈善实践背后的信仰文化。

从其他契约维度来看,在单位人向社会人的转变过程中,特殊性血缘亲情非理性回归,现代国家的构建与家庭之间已远非家国同构之关系,而是充满张力。在家庭以外的生活空间中,个体难以附着在现代组织之上,包括意识形态化很强的体制内宗教体系。结社自由的限制使得权利发育不全的公民快速流动,并趋利避害地选择逐利的市场。日益世俗的人,对虔信宗教来说当然不是福音,但对于政府来说,又何尝不是如此呢?

不错,近年来大陆公益慈善事业发展迅猛。2016年,在欢呼《慈善法》终于问世的同时,深思之下,该法有稳定的文化价值支撑吗?该法对许多问题进行了省略和回避。宗教慈善即是其中之一。神圣之光幽暗,势必难以洞烛尘世生活。若缺乏稳定的文化价值牵引,商业便会在公益领域大行其道,是利是弊,尚难预料。若缺乏稳定的文化价值牵引,《慈善法》就无法成为全体公民乃至具有更加普世意义的慈善法,从而仅仅对公益界或少数公民才构成意义实体。

参考资料

[1] 郑志明:《台湾全志·卷九·社会志·宗教与社会篇》,"国史馆"台湾文献馆,2006。

[2] 宋光宇编《台湾经验(二)——社会文化篇》之《试论四十年来台湾宗教的发展》,台北东大图书公司,1994。

[3] 瞿海源、姚丽香:《台湾地区宗教变迁之探讨》,载瞿海源、章英华主编《台湾社会与文化变迁》,中研院民族学研究所,1986。

[4] 王顺民:《当代台湾地区宗教类非营利组织的转型与发展》,台湾洪叶文化事业有限公司,2001。

［5］〔法〕E. 迪尔凯姆：《社会学方法的准则》，狄玉明译，商务印书馆，1995。

［6］〔法〕路易·迪蒙：《论个体主义：对现代意识形态的人类学观点》，谷方译，上海人民出版社，2003。

［7］〔美〕弗朗西斯·福山：《政治秩序的起源》，毛俊杰译，广西师范大学出版社，2012。

［8］Peter L. Berger , Grace Davie and Effie Fokas, *Religious America, Secular Europe?: A Theme and Variations*, Ashgate Publishing Limited, 2008.

［9］C. K. Yang, *Religion in Chinese Society: A Study of Contemporary Social Functions of Religion and Some of Their Historical Factors*, University of California Press, 1961.

［10］Ben Johnson, *Religion and Philanthropy*, April 7, 2012.

［11］Richard P. Mcbrien (general editor), *The HarperCollins Encyclopedia of Catholicism*, 1995, HarperCollins Publishers Inc.

第三章　台湾非营利组织"法律"体系

刘培峰　陈咏江[*]

【本章摘要】本章主要介绍了台湾非营利组织"法律"规范的变迁历史，从"法律"体系的角度阐释了各个位阶的"法律"和行政命令、政策。同时简要介绍了台湾当局与非营利组织的合作。

20世纪台湾社会和整个中华民族一道经历了巨大的变迁，从政治角度上看台湾经历了光复、国民党退踞并与大陆走上了不同的道路。经济方面台湾经历了工业化和国际化。在政治民主化和经济市场化的大背景下，台湾的非营利组织逐渐发展，由政治或经济的辅助性因素，成为一支独立的社会力量，推动台湾社会的多元化，最终成为民主制度的柱石[①]。台湾非营利组织"法律"制度也回应了台湾社会的这种变化。因此理解台湾非营利组织"法律"制度需要从制度的历史、内容、政府与社会关系的建构等视角来进行。

---

[*] 刘培峰，北京师范大学教授；陈咏江，北京师范大学博士研究生。
[①] "在社会多元化的过程当中，民间团体的蓬勃发展，对于自由民主化的发展是正面的助力，而不是破坏社会公共秩序的阻力，也唯有在多元社会当中才能够容忍、容许或促成这种民间社会力的成长。人民团体的多元化成长所展现的民间社会力，也可维护多元化秩序的发展。"——萧新煌语，转引自黄世明《台湾全志·卷九·社会志·社会多元化与社会团体篇》，"国史馆"台湾文献馆，2006，第36页。

3.1 台湾非营利组织及其"法律"规范的变迁

3.1.1 台湾非营利组织的发展历程

根据台湾学者研究，台湾民间组织发展分为四个时期，① 一是慈善济贫时期（20世纪50年代末）。此阶段为国民党当局迁台后期，对台实施威权统治，政治力主宰社会力。因此，民间组织由乡绅、家族或宗教寺庙集结而成的慈善济贫模式，规模小，活动范围也局限于乡里。

二是国际援助时期（1960~1970年）。许多非营利组织都是国际组织给予经济协助而成立，以"移植性"、"无竞争性"与"俱乐部"形态的组织为主，如"红十字会"、"世界展望会"、"基督教儿童福利基金会"、"扶轮社"、"同济会"、"青商会"、"狮子会"等，其成员中只有少数中产阶级和上流社会精英。这些组织有时必须配合当局的政策需要，或受到当时环境背景的钳制，使得团体的自主性与独立性较低。②

三是萌芽时期（1970年至"解严"时期）。1970~1987年，台湾经济结构发生重大改变，民众生活不断改善，中小企业加入慈善救济行列，在官方扶植下成立许多企业型基金会，但1976年以前台湾纯民间人士成立的基金会，其数目不到70家，如"陶声洋防癌基金会"（1970），"洪建全教育文化基金会"（1971），全台性社团才472个。工商业社会团体在这个阶段达到较大发展。

---

① 参见黄世明《台湾全志·卷九·社会志·社会多元化与社会团体篇》，"国史馆"台湾文献馆，2006。
② "1960年代之后即使工商业有了逐步发展，各种社会力量也有逐步发芽生长的趋势，但这些初生的嫩芽都依附政治权力而生存。一切有形的社团组织，都在官方或官员的指导与控制之下，工会、农会、妇女、青年等社团固如此，即名之为学术的团体亦少有例外。在战后初期将近20年的两岸紧张备战状态，人民团体之运作与角色功能，往往受到意识形态的支配与渗透，同时也受政治力量统合宰制，成为统治者的附庸。社会团体与职业团体在社会力尚未取得相对自主性之前，不但不能反对、抵制意识形态，亦当与政治力量保持中立，不能妨碍政治措施的有效行使，甚至大多成为政治里的权力行使工具。"参见黄世明《台湾全志·卷九·社会志·社会多元化与社会团体篇》，"国史馆"台湾文献馆，2006。

四是发展时期("解严"后迄今)。"解严"后,解除"党禁"、"报禁"、集会及结社自由等,加上"人民团体法"、"集会游行法"等法令修正,民间组织如雨后春笋蓬勃涌现。全台性社团从"解严"前的 700 多个发展到超过 1 万个,在这个阶段中,台湾社会自主性得到酝酿乃至发展,社会多元化逐渐扩展。①

3.1.2 台湾非营利组织"法律"规范的变迁

与台湾非营利组织发展相对应,台湾非营利组织的"法律"制度也经历了严格管控——逐渐松动——开放发展的不同阶段。不过,"法律"制度的变化明显落后于非营利组织的发展速度,管控制度在 20 世纪 80 年代以后才逐渐松动。

一是管控期(1949~1979 年)。1942 年 10 月,国民政府公布施行的《非常时期人民团体组织法》,是"解严"前管理人民团体主要的"法律"。其前身是 1942 年国民党通过的《非常时期党政机关督导人民团体办法》,最早可追溯到 1932 年国民党为适应抗日战争形势颁发的《修正民众团体组织方案》。"解严"之前,台湾地区对人民团体的管理一直适用前述规定,与"戒严法"关于"停止集会结社及游行请愿"的规定及其他戒严法制一道构成针对结社限制的戒严"法律"体制。其最大的特点在于对人民团体的数量的限制,要求人民团体在同一区域(仅限行政区域为组织区域)除"法律"另有规定外,其同性质同级的人民团体以一个为限。除此之外,其对人民团体采用许可成立制度,让主管机关可以"派员指导"、"派员监选",甚至对职业团体必要时可以指派书记,威权干预色彩浓厚。而对于人民团体的组织运作、财务发展、团体发起人的资格限制、人民团体的退出机制、解散清算等都没有规定。

---

① "1987 年夏季'解严'后,多元价值浮现,政党林立,各种自主性的民间团体如雨后春笋般成立,如残障联盟、无住屋者团结组织、环保联盟,以及原住民、妇女、劳工、农民组织等,其目的在争取共同权益,从事各式各样的社会运动,力求改变政府的公共政策。"——曾逸昌语,转引自黄世明《台湾全志·卷九·社会志·社会多元化与社会团体篇》,"国史馆"台湾文献馆,2006,第 169 页。

二是松动期（1980～1987年）。随着台湾经济的长期高速发展，规范不明且强烈管制的"非常时期人民团体组织法"越来越不适应时代的需求。1981年，发布"加强督导各级人民团体实施办法"第二条规定，"所称人民团体系指各种职业团体及社会团体"，才首次对"非常时期人民团体组织法"的规范对象做出定义，指"职业团体和一定规模的社会团体"。随着20世纪80年代社会运动的蓬勃兴起，戒严体制越来越难以维系。1986年10月，国民党做出三项决议，修正"非常时期人民团体组织法"，规范政治性团体与一般人民团体的活动；修正"动员戡乱时期公职人员选举罢免法"，确认政治性选举活动的地位与方法；考虑修订"政党法"，建立规范政党政治的健全法制。至此，"非常时期人民团体组织法"全面松动，新的"人民团体法"正式迈入"立法"进程。

三是开放期（"解严"后迄今）。1987年"解严"后，台当局加速制定"动员戡乱时期人民团体法"，至1989年1月正式通过，主要规范人民团体的运作，尤其是规范政治团体的发展。1992年7月，"动员戡乱时期人民团体法"正式修改名称为"人民团体法"并沿用至今。此后，历经1994、2001、2009、2011年等多次修正，就人民团体的成立限制、隶属关系、政党规定等做出修改，开放同一区域人民团体数量限制，给予人民团体选择登记的自由度。

3.2　台湾非营利组织"法律"体系的内容

台湾的非营利组织"法律"主要包括宪制性规定、"民法"、"人民团体法"，特殊领域的"单行法"，分散在各主管行政机构的行政命令、"税法"等。具体而言，对应的主要来源分别为宪制性规定关于结社自由的规定；"民法"关于法人的定义及分类；"人民团体法"针对社团法人的专门规定；"宗教法"、"医疗法"、"私立学校法"等特殊"法律"针对特殊性质财团法人的专门规定；各主管机构依据职权针对不同的一般性公益财团法人及公益非法人所制定命令，以及"税法"对非营利组织减免税收的规定。下面将对上述内容分别进行陈述。

3.2.1 宪制性规定

宪法中公民自由结社权利是非营利组织设立的逻辑起点，有关公民参与的规定为非营利组织开展活动提供法律保障。台湾的宪制性规定第 14 条规定"人民有集会及结社之自由"。依据"司法院"大法官解释第 644 号，"结社之自由旨在保障人民为特定目的，以共同之意思组成团体并参与其活动之权利，并确保团体之存续、内部组织与事务之自主决定及对外活动之自由等。结社自由除保障人民得以团体之形式发展人格外，更有促使具公民意识之人民，组成团体以积极参与经济、社会及政治等事务之功能。各种不同团体，对于个人、社会或民主宪政制度之意义不同，受法律保障与限制之程度亦有所差异。唯结社自由之各该保障，皆以个人自由选定目的而集结成社之设立自由为基础，故其限制程度，自以设立管制对人民结社自由之限制最为严重"。

3.2.2 "民法"

民法规定非营利组织法人资格的取得，内部治理相关事项，是影响非营利组织运行的最重要的"法律"制度。台湾"民法"有关非营利组织法人资格取得，内部治理的相关规定在"民法典"的"第二章·人"的"第二节·法人"部分第 25~65 条中第 25~44 条是有关法人的一般规定，这些条文主要涉及法人设立、法人代表人、法人住所、法人变更、法人终止等相关事项。第 45~58 条为社团法人的规定，第 59~65 条为财团法人的相关规定。台湾"民法"秉持大陆法系传统。依据"民法"第 25 条"法人非依本法，或其他'法律'之规定，不得成立"，第 30 条"法人非经向主管机构登记，不得成立"，第 59 条"财团登记前，应得主管机构之许可"等规定，台湾对于非营利法人设立是采取许可批准制，必须经主管机构许可、登记才能成立。

"民法"中的"私法人"包括社团法人和财团法人。社团法人指成立基础为人的社会团体，如协会、联合会等，包括几个特点：一是组织本身与组成人员明确分离，社团与社员都保持其独立的主体性；

二是团体行为有机关（理事及监事）为之，机关的行为就是团体的行为；三是社员通过召开大会参与团体决策的形成，并监督机关行为；四是社团财产及负债皆属于团体，社员除分担的会费之外，不负其他财务责任。社团法人被区分为营利法人和公益法人，前者的取得资格有特别的规定，如"公司法"，后者则被界定为以公益为目的的法人，如文化、宗教、学术、慈善公益团体，即非营利性的社团法人。社团法人又依服务对象的开放性与封闭性分为互惠性社团法人（又称"中间性社团法人"，Mutual Benefit Organization，MBO）和公众利益社团法人，前者以提供会员互益为目的，如同乡会、校友会、联谊会、工商促进会，后者如协会、学会、权益促进会等。民法第45条至第58条规定社团法人的相关事宜，其中第46条规定非营利性社团经许可设立。第47条规定社团的章程法定记载事项和社团设立时登记相关事项。第49条到第58条为社团内部事务相关规定，包括最高机关及其相关权限，总会会议的召集，会议的召开与表决，社团章程的修改，社员的权利和退社、开除等相关规定，以及会议无效的补救措施等。这些规定为社团的有效运行处理内外关系提供了依据。

财团法人是以财产为基础成立的组织，如各种基金会，并无会员组成，另外设立管理人，保护财产。财团法人被区分为一般性财团法人、特殊性质的财团法人、官方捐资成立的财团法人。一般性财团法人如一般民间捐资所成立的基金会为财团法人最主要的形式，其设立许可权及业务监督归属于各业务主管机关；特殊性质的财团法人包括私立学校、医疗机构、宗教团体、社会福利机构等；官方捐资成立的财团法人，如海峡交流基金会、中华经济研究院、资讯工业策进会等。根据"民法"的规定，财团法人由捐赠或遗嘱经许可设立，并在其主事务所在地主管机关登记。财团法人的组织与管理方法由捐助章程或遗嘱规定，如果相关事项记载不全，法院可以经利害关系人申请补正。与社团法人不同，财团法人因为系财产组合，没有总会等形式的最高机关，因此对于其组织、行为、存续，法院经利害关系人申请，有较大处分权限。为了实现法人目的或保护法人财产，法院可以变更其组织形式，宣告特定行为无效，变更组织之目的，甚至可以解散组织。

3.2.3 "人民团体法"

民法为不同类型法人成立运行提供了基本的"法律"框架，不同类型法人设立、运行、规范管理需要依照特别法来进行。"人民团体法"是有关非营利社团的法人的"特别法"。依据"人民团体法"规定，人民团体分为职业团体、社会团体及政治团体。①

职业团体为因同一业务结合而成的社会团体，可分为工商业团体与自由职业团体。工商业团体如各种类型的商业同业公会、工会等。工会为保护劳工本身利益，而自动自发筹组成立之组合，其目的在于劳动者通过团体力量，促进和改善劳动条件②。工会又可分为职业工会、产业工会、分业工会联合会及总工会四种类型。工商业团体根据"商业团体法"③ 或"工业团体法"④ 成立。它们设立的主要目的是：

---

① 根据台湾"内政部"的统计，截至2015年，台湾当局管辖的社会团体为：政党287个，政治团体47个，职业团体544个，社会团体14371个；地方政府所管辖职业团体10470个，社会团体33462个。

② 台湾"工会法"1939年制定，2000年最新修订，计53条。规定工会的组织、职责和运行。工会以保障劳工权益、增进劳工技能、发展生产事业、改善劳工生活为宗旨。工会的职责：团体协约之缔结修改或废止；会员就业之辅导；会员储蓄之举办；生产、消费、信用等合作社之组织；会员医药卫生事业之举办；劳工教育及托儿所之举办；图书馆、书报社之设置及出版物之印行；会员康乐事项之举办；劳资间纠纷事件之调处；工会或会员纠纷事件之调处；工人家庭生计之调查及劳工统计之编制；关于劳工法规制定与修改废止事项之建议；有关改善劳动条件及会员福利事项之促进；合于第一条宗旨及其他"法律"规定之事项。

③ 台湾"商业团体法"1912年修订，共76条，规定商业团体的组织、职权和运行。有关商业团体职责：关于国内外商业之调查、统计及研究、发展事项；关于国际贸易之联系、介绍及推广事项；关于当局经济政策与商业法令之协助推行及研究、建议事项；关于同业纠纷之调处事项；关于同业员工职业训练及业务讲习之举办事项；关于会员商品之广告、展览及证明事项；关于会员与会员代表基本资料之建立及动态之调查、登记事项；关于会员委托证照之申请变更、换领及其他服务事项；关于会员或社会公益事业之举办事项；关于会员合法权益之维护事项；关于接受机关、团体之委托服务事项；关于社会运动之参加事项；依其他法令规定应办理之事项。

④ 台湾"工业团体法"2002年制定，2012年修订。规定工业团体的组织、职责与运行。

产业环境的一般研究、生产因素的调查与开发、会员权利的维护和纠纷调处、公益事业的举办、会员与同业的服务、参与官方相关事务等。工业团体分为工业同业公会、工业会。商业团体分为商业同业公会、商业同业公会联合会、输出业同业公会和商业会。自由职业团体系教师、律师、医师、物理治疗师、药剂师、会计师等根据"人民团体法"和特别法成立的社会团体。其主要职责是：提高产业地位维护同业权利，增进共同利益；组织参与相关学术交流；参与政治的公共活动、组织同业开展公益活动；提供咨询等相关服务。

农会和渔会是根据"农会法"[①]和"渔会法"[②]成立的具有特定"法律"地位的职业团体。顾名思义农会由农民组成，渔会由渔民组成，但农会与渔会与一般人民团体组织形式与地位有很大差别。各级农会配合各级行政机构成立，农会贯彻执行当局产业政策，沟通农民与当局、承担当局委托的各项事务，有时代表当局行使公权力。渔会系当局与渔民的桥梁纽带，以保障渔民权利、提高渔民技能、改善渔民生活、促进渔业现代化发展为宗旨。

社会团体是因为共同意愿结合而形成的团体，可细分为文化学

[①] 台湾"农会法"1959年颁布，以保障农民权益、促进农民知识技能、增加生产、改善农民生活、发展农村经济为宗旨。农会的主要职责是：自耕农之扶植，佃农雇农权益之保障，及调解农事纠纷，证明佃租契约；协助有关农田水利之改良，水土之保持，森林之培养，及水旱病虫灾害兽疫之防治救济；种子肥料农具之改良与推广；农村合作事业及简易农仓之倡办与辅导；农村副业之倡办指导，及农产品之调剂加工；示范农田及集体或合作农场之倡设；农贷及土地金融贷款之承办转放监督；农民补习学校农业陈列所及农业展览会之协助举办；有关农民医药卫生娱乐及其他农民福利与救济事业之倡导推进；农民农业之调查统计；合于第一条宗旨的其他事项。

[②] 台湾"渔会法"1948年12月颁布，以保障渔民权益，增进其知识技能，改善其生活，并谋渔业之发展为宗旨。渔业会的主要职责是：关于渔业改良事项；关于渔村渔事之改进事项；关于渔民贷款渔业用盐及渔船渔具之统筹供给之事项；关于渔民教育之举办事项；关于水产陈列所及赛会之筹办事项；关于各种合作社之组设事项；关于储蓄保险医疗所托儿所及其他福利事业之筹办事项；关于鱼池之租赁及建筑事项；关于渔业之保护及救恤事项；关于渔业之调查统计及建议事项；关于水上标识及渔船航行安全设备之筹办事项；关于渔业争议之调处事项；关于官方之咨询及委托办理事项。

术、医疗卫生、宗教、体育、社会服务与慈善、国际、经济、联谊性质团体、其他等九大类,如同乡会、学会、协会等。政治团体包括政党、政治性组织,如国民党、民进党。

"人民团体法"对人民团体设立程序有详细规定:一是发起人召开发起人会议,推选筹备委员,组织筹备会;二是准备申请书,章程草案及30位以上发起人名册向主管机关申请许可;三是召开成立大会;四是成立后30天内准备章程,会员名册,选任职员简历册,报请主管机关核准立案;① 五是向地方法院办理法人登记,并于30天内将登记证书送主管机关备查。

"人民团体法"中亦有监督与惩罚的相关规定,主要由主管机构进行监督与惩罚。社团法人主管单位为各级地方行政主管社会部门,台湾地区主管机构("内政部"社会司)。而为落实"人民团体法",台"行政院"根据母法,颁布四项授权命令,作为管理人民团体和社会团体的依据:一是"人民团体选举罢免法";② 二是"人民团体奖励办法";③ 三是"社会团体工作人员管理办法";四是"社会团体财务处理办法"。而"内政部"为了落实其管理行政业务,也制定了三种职权命令:"督导各级人民团体实施办法","社会团体许可立案作业规定","人民团体立案证书颁发规则"。

此外,还有一些依据"人民团体法"成立的社会团体,基于各种理由没有向法院登记成为法人,被称为非法人团体。

3.2.4 针对一般性财团法人的行政命令

目前,有关财团法人的"法律"规范原则上依据"民法",由于

---

① 根据1973年修订的"内政部组织法",规定"内政部"社会局负责人民团体与社会运动的规划,推行与指导,地方为县市社会局。
② "人民团体选举罢免办法",由"内政部"1968年制定,历次修订,现行为1996年修订,计56条主要内容为人民团体选举和罢免理事、监事、常务理事、理事长等事项的相关程序。
③ "人民团体奖励办法"由"内政部"1989年制定,1992年修订,计11条,主要内容为主管机关奖励优秀人民团体的条件程序等。

"民法"采用"登记主管机关"与"许可及业务监督主管机关"分离的二分法,针对一般性财团法人的"法律"规范实际上是大量不同行政部门的行政命令。"民法"第 32 条"受设立许可之法人,其业务属于主管机关监督,主管机关得检查其财产状况及其有无违反许可条件与其他'法律'之规定"与第 59 条"财团于登记前,应得主管机构之许可"将财团法人之许可及业务监督权限,赋予财团目的事业主管机关,各行政主管机关在其职权范围内,具体订定监督方式与不遵守监督时的处分办法,作为对其所管财团之监督准据。

财团法人主管单位依主管业务区分,有社会福利慈善("社会司"、局、科)、文化教育("教育部"、厅、局)、环境保护("环保署")、卫生医疗("卫生署")、工商发展("经济部")、新闻传播("新闻局"、处)、财政金融("财政部")、交通观光("交通部")、两岸事务("陆委会")、劳工服务("劳委会")、青年服务("青辅会")、"涉外"事务(涉外地区事务主管部门)、农业事务("农委会")等。目前有超过 20 个行政机关就财团法人之管理监督办法颁有行政法规,但不同办法对于一般性财团法人(主要表现为基金会)规定的最低基金额度高低差距甚大,低的仅 100 万元(新台币,下同),高的需要 5000 万元;对基金会的董事组成人数规定大相径庭,从 5~13 人到 9~21 人的规定都有;对董事获聘资格、开会次数、连任限制的规定也各不相同,如有的要检查公益绩效,有的则不需要;对主管机构的检查项目及惩处事项的规定也是大异其趣,章法不显,如有的对收费明显不当有惩处规定,有的则没有。①

3.2.5 针对特殊性质的财团法人的"法律"规范

"民法"将私立学校、私立医院、寺庙、研究所、福利机构等界定为"特别财团法人",分别有另行的相关"法律"规范管理之,如依"私立学校法"设立的私立学校,依"医疗法"设立的医疗机构,

---

① 陈惠馨等:《财团法人监督问题之探讨》,"行政院"研究发展考核委员会编印,1995。

依"宗教法"设立的宗教团体,依各种"福利法"规设立的社会福利机构等。台湾对不同"特别财团法人"的管理是用相应"法律"条文详细区分和规范其行为,包括免税资格取得和监督管理措施等,而非一概"不得从事营利性经营活动",客观上不仅给以营利为目的的机构造成享受减免税的可乘之机,也伤害了公益性机构的积极性,造成这类团体的管理混乱局面。台湾的"特别财团法人"之规定,虽然在实行中也存在监督不力、鱼目混珠的情况,但其对法人身份的明确,对公益行为的详细区分与监督,是有利于此类机构规范发展的。

3.2.6 "税法"

总体而言,台湾的非营利组织享有非常宽松的税收征管措施,非营利组织不仅可以不办理税务登记,不使用统一发票,而且符合条件的还免于办理结算申报,对于非营利组织未按时申报的情况,也一再给予"辅导"而非直接惩处。以主要税种中的所得税为例,教育、文化、公益及慈善机构四大类非营利组织可在一定条件下免纳所得税。"所得税法"第 4 条第 11 款规定,教育、文化、公益及慈善机构或团体,符合"行政院"规定标准者,其本身之所得及附属作业组织之所得免税。第 11 条第 4 项"本法称教育、文化、公益及慈善机构或团体,系以合于民法总则公益社团及财团之组织,或依其他关系法令,经向主管机关登记或立案成立者为限"。"行政院"依"所得税法"订定"教育、文化、公益及慈善机构或团体免纳所得税适用标准",作为减免税的依据。免税不需要这些组织事先申请,而是在这些非营利组织的业务主管部门核准成立后由税务部门进行事后审查,只要审查通过,就可以成为符合标准的非营利组织,享受所得税免税待遇。"法律"允许非营利组织成立附属作业组织从事商业活动,商业所得原则上必须缴税,所以医院、研究机构销售商品或劳务所得无论是否用于公益目的都要缴税,但在实际操作中,允许非营利组织的商业所得扣除该组织非商业项目收不抵支部分后,如有余额才对余额征税,若无则不对商业所得征税,因此台湾的非营利组织商业所得很难被征税(具体关于非营利组织税收的相关内容,可见第四章的详细论述)。

3.3 官方和非营利组织的合作

官方与非营利组织良好的合作是台湾非营利组织发展的一个特点。台湾"解严"以后，非营利组织也经过了一个发展和回归本位的过程，民间力量自主发展，威权政治的转型为政府与社会关系的合理化奠定了基础。经过几十年的发展，非营利组织已经成为台湾社会重要的组织力量，在公共服务中也发挥了重要的作用。非营利组织与官方部门之间合作已经成为民主政治和治理中的常态。

表现为：其一，官方与非营利组织之间的旋转门已经打开，许多非营利组织的领导人可能进入官方承担一定的公共职责，一些离开官方的官员也会设立非营利组织从事慈善和其他社会公益事业。官方与非营利部门之间也具有经常性的、畅通的意见表达和参与渠道。非营利组织的发展带来的社会多元化为台湾的威权政治的平稳转型奠定了基础。

其二，在社会服务方面，官方结合民间资源，以公私协力的模式迈向公平、包容、正义的新社会是官方施政的愿景。社会服务的公私协力模式主要采取委托、补助、奖励等方式与非营利组织合作。在委托方面主要采取公设民营和项目委托等方式，公设民营方面以官方提供土地建筑物以及相关设施设备，委托民间经营管理，提供社会服务，如各类福利服务中心，博物馆等。项目委托是官方拟定方案，委托民间提供相应的社会服务。以社会福利服务为例，项目服务就包括个案的管理与处遇、外展服务、居家或社区照顾、临时暨短期照顾、文康休闲巡回、专线接线服务、交通服务、访视需求调查、法规咨询、辅具整合推广中心等。[1] 官方补助主要凝结于各项福利政策中，根据社会福利纲领，官方提供社会救助与津贴、社会保险、福利服务、健康与医疗照护、就业安全、居住正义与社区营造等六个方面基本社会保障。这些措施的实施需要非营利组织的参与，也为非营利组

---

[1] 2015 年 8 月笔者访问台湾"卫生部"社会家庭福利署提供的相关资料。

织的发展提供了支持。如在居住正义方面，"政府应结合民间，以各种优惠方式，鼓励民间参与兴办专供出租之社会住宅，除提供适当比例租与具特殊情形或设法者外，并提供外地就业、就学青年等对象租住"。在福利服务方面，"政府应结合民间倡导活跃老化，鼓励老人社会参与，提供教育学习机会，提升生活调适能力，丰富高龄生活内涵。并强化代间交流，倡导家庭价值，鼓励世代传承，营造悦龄亲老与世代融合社会"。①

其三，当局不但对非营利组织的发展予以物质、资金支持，也对非营利组织的发展予以行政指导。"辅导"是当局与民间关系的一个关键词，是当局通过提供咨询、提供实习机会、提供问题诊断等方式对非营利组织的成长与发展提供帮助。如针对社会企业在国外发展的现状，台湾"卫生福利部"就发布"社会企业行动方案"指导社会企业的发展，对社会企业在官方和非营利组织（NPO）投入不足的领域，邀请社会企业共同投入，并根据国际经验对社会企业进行"经营效益诊断"、"顾问专家咨询"、"业师媒合"、"创新创业竞赛"、"创业家团队"、"网络支持"、"社会创投"、"创业奖学金"、"创业家实习"等辅导模式。②"辅导"改变了官方行政运作方式，对于官方与社会关系的重构、培育社会组织发展、激发社会活力具有重要的意义。

参考文献

[1] 黄世明：《台湾全志·卷九·社会志·社会多元化与社会团体篇》，"国史馆"台湾文献馆，2006。

[2] 陈惠馨等：《财团法人监督问题之探讨》，"行政院"研究发展考核委员会编印，1995。

---

① 《社会福利政策纲领：迈向公平、包容与正义的新社会》，2014年10月。
② 2015年8月笔者访团台湾"卫生部"社会家庭福利署时，其提供的相关资料。

[3] "人民团体选举罢免办法",1996。
[4] "人民团体奖励办法",1992。
[5] 台湾"工业团体法",2012。
[6] 台湾"农会法",1959。
[7] 台湾"渔会法",1948。
[8] 台湾"商业团体法",1912。
[9] 台湾"工会法",2000。

第四章 台湾税制与非营利组织税收政策

殷丽海[*]

【本章摘要】 本章主要围绕台湾税制基本情况，非营利组织税收政策的特点、主要减免税待遇与管理等内容进行简要介绍，并介绍了一些目前关于台湾非营利组织减免税问题的相关问题。

4.1 台湾税制

4.1.1 基本概念与分类

台湾税制是台湾税收法规和稽征管理制度的总称。台湾现行的税收从税收收益权归属可区分为所谓"国税"、地方税（直辖市及县市税）两级。

"国税"包括营利事业所得税、综合所得税（即个人所得税）、遗产税、赠与税、货物税、营业税、烟酒税、期货交易税、证券交易税、关税、矿区税。

地方税（直辖市及县市税）包括土地税（地价税、田赋、土地增

---

[*] 殷丽海，原财政部税政司处长，长期参与非营利组织及环境保护相关税收立法和政策制订工作，多次参与非营利组织国外考察研究，现为亚洲基础设施投资银行高级官员。

值税)、印花税、车船使用牌照税、房屋税、契税、娱乐税、特别税。

目前台湾税收收入占整体收入约达70%，并以所得税为最重要的税种（占税收收入约40%），其次为加值型及非加值型营业税与货物税。

4.1.2 台湾税制沿革

台湾于清光绪二十一年（1895）为日本占据，1945年抗日战争胜利后回归。初期，税收制度仍沿袭日据时期以户税为主的旧制。以后台湾当局陆续实行国民党政府统治大陆时实行的税制，新旧夹杂，造成税制烦琐，税收管理失控。经过多次税制改革，逐步形成以所得税、货物税、营业税为主体的复合税制。

自1950年以来，台湾税收制度为了适应经济发展变化的需求，进行过多次修正与改革。主要有四次：

（1）1950年税制改革。经过在大陆恶性通货膨胀之后，台湾当局面对税制繁杂、征管失控的局面，确定从整顿税收、改革税制入手来解决财政困难问题。改革重点是整顿旧税制，废除税捐摊派方式，融合各税，简化税目，制定统一稽征办法，实施统一发票制度，强化税收管理。

（2）1958年税制改革。重点是改善投资环境，制定"奖励投资条例"，扩大税收减免以吸引外资，激励新兴事业的投资。同时全面修订"所得税法"，建立所得税自动申报制度，健全以直接税为中心的税收制度。另一方面对可供出口的商品课以较高的消费税，并实行出口退税，以抑制消费，鼓励出口，促使向外向型经济结构转变。

（3）1968年税制改革。重点在于解决经济成长过快与税制结构不相适应，支持基本建设的财力相对不足的矛盾。改革内容主要是调整所得税累进税率结构，修正"奖励投资条例"，改进货物税稽征方法，逐步推行增值型营业税。

（4）1986年税制改革。目的在于优化税制，加强管理，但提出的许多方案和措施未能正式实施。

4.1.3 台湾税制结构

台湾的主要税种有：综合所得税、营利事业所得税、货物税、遗产税、赠与税、证券交易税、关税、田赋、地价税、土地增值税、房屋税、契税、娱乐税等。

  税收是台湾财政收入的主干，约占整个财政收入的 2/3。80 年代中期以后，营业盈余及事业收入、公债收入增长较快，税收收入所占比重相对下降。1989 年，在财政收入总额中，税收及公卖收入占 60%，营业盈余及事业收入占 11.1%，公债收入占 11.1%，其他收入占 17.8%。在税收收入中，以所得税、土地税、房屋税、遗产税及赠与税等直接税收入发展较快，比重直线上升，营业税、货物税、关税等间接税的比重相对下降。1980 年在税收收入中，直接税比重已达 47.3%，间接税比重下降为 52.7%。1989 年台湾地区税收收入占全台国民收入的比重为 19.7%，占全台国民生产总值的比重为 18.1%，比 1980 年所占比重略有下降。

4.1.4 台湾主要税种

1. 综合所得税

  课税对象确定采取属地原则，只对来源于台湾地区的所得征税。计税所得包括：营利所得、执行业务所得、薪资所得、利息所得、租赁所得及权利金所得、财产交易所得等。按综合所得额减除规定扣除额后计算征税。实行五级超额累进税率，最低级距为新台币（下同）30 万元以下，税率 6%；最高级距为 300 万元以上，税率 40%。

2. 营利事业所得税

  课征对象包括公司法人以及独资、合伙与合作组织，实行属人主义原则，对来源于台湾地区以外的所得要综合计征。采取三级超额累进税率，课税所得额在 5 万元以下的免税，10 万元以下的就其全部应税所得额课征，税率 15%；但其应纳税额不得多于课税所得额超过 5 万元以上部分的数；超过 10 万元以上的，税率 25%。税率条例每年制定公布。

3. 遗产税

  因死亡而发生财产所有权转移时所课征的税收。在遗产总额中，被继承人遗有配偶的，可扣除 200 万元后计税；被继承人遗有受其抚养的顺序继承人的，每人可扣除 25 万元后计税。实行 18 级超额累进税率，最低税率 2%，最高税率 60%。与遗产税相配合还征收赠与税。对无偿赠与他人财产超过一定部分的赠与净额课征。

4. 货物税

对税法规定的特定货物，于出厂或进口时课征，由纳税的制造厂商或进口商缴纳，所纳税款可计入货物销售价内，最后由消费者负担。应税货物包括糖类、饮料、油气类、化妆品、电器类、车辆类等共 39 个品目。最低税率（天然气）2%，最高税率（甲类化妆品）80%。按不含税价格计算完税。对出口货物实行退税。

5. 证券交易税

对买卖有价证券依实际成交价格向出卖证券人课征的一种特种税收。税率分两种：公司发行的股票及表明权利的证书、凭证，税率为 6%，公司债券，税率为 1%，买卖当局债券不征税。

6. 营业税

台湾地区于 1986 年实行按增值额征收的营业税。课税范围包括销售货物、劳务及进口货物。按月就其总收入减除资本设备及非资本性支出后的余额作为税基。营业税率分为一般税额计算营业人和特种税额计算营业人两类。前者是指按增值额征税的营业人，适用税率最低 5%，最高 10%。实行统一发票注明税款制度，采取税额相减法，以销项税额减除进项税额余额为正数时，即为应纳税额。后者是指按营业全额计征的营业人，适用税率为：金融业 5%，夜总会 15%，小规模营业人 1%。

7. 土地增值税

在土地所有权转移时，就其土地自然涨价总额征收。纳税人为原土地所有权人。实行三级超额累进税率。土地涨价总额超过原地价或前次转移时地价未达 1 倍者，就其涨价总额征收 40%；超过 1 倍未达 2 倍者，就其超过部分征收 50%，超过 2 倍以上者，就其超过部分征收 60%。此外，出售自用住宅用地，在规定限额内，按涨价总额课征 10%。购买空地或者荒地，没有经改良利用或建筑使用而出售者，就其应纳税额加征 10%。

4.2 台湾非营利组织税收政策

世界上大多数国家和地区的税收制度都对非营利组织给予优惠待遇，帮助其发展并鼓励公众对其捐款，台湾地区的税收制度也体现了上述特点。台湾的税法体系属于分税立法，在各税种的条款中分别针对非营利组织给予税收优惠，主要涉及对非营利组织自身的减免税规定和向非营利组织捐赠的减免税规定。

4.2.1 非营利组织的所得税减免政策

1. 所得税法明确给予非营利组织以附带条件的免税优惠

台湾的所得税分为综合所得税和营利事业所得税，前者是对个人征收的税种，后者是对有经营收入的单位征收的税种。台湾将非营利组织的所得纳入营利事业所得税的征收范围，再依照"所得税法"第 4 条第 11 款的规定"教育、文化、公益、慈善机关或团体，符合'行政院'规定标准者，其本身之所得及附属作业组织之所得免税"，对其给予税收优惠。因为必须经过税务机关审核是否符合免税要件，才能确定是否享受免税优惠，所以这种税收优惠是附带条件的。

2. 制定判断非营利组织免税资格的标准，对是否给予税收优惠不以申请为要件

根据税法授权，台湾"行政院"于 1979 年出台了"教育、文化、公益、慈善机关或团体免纳所得税适用标准"（以下简称"适用标准"），并对其进行多次修正。只要符合"适用标准"中规定的下列条件，非营利组织及其"附属作业组织"的非商业所得（包括接受捐助所得、利息、股利等）就能免税：①依法设立；②不分配利润及剩余财产给捐赠人或其关系人；③不经营与其创设目的无关的业务；④收支记录完全，财务保管与运用符合规定；⑤主要捐赠人及各

该人的配偶及三亲等以内的亲属担任董监事比例不超过三分之一；⑥与其捐赠人、董事、监事间无业务上或财务上的不正常关系；⑦用于与创设目的有关的活动支出应达到的比例限制。

上述标准基本上可以将非营利组织与营利组织区分，为税收政策上的区别对待奠定了基础。台湾对非营利组织免税资格的确认有其特殊做法，就是不需要这些组织事先申请，而是在非营利组织的业务主管部门核准成立后，由税务部门进行事后审查，只要审查通过，就可以成为符合标准的非营利组织，享受所得税免税待遇。这样做也使得台湾当局有关部门不便对具有免税身份的非营利组织给予高度而严密的监督，所以在台湾享受税收优惠的非营利组织在财务公开、接受公众监督、政治活动等方面与其他非营利组织一样，没有受到过多限制。

3. 允许非营利组织从事商业活动，但商业所得原则上必须缴税

台湾相关"法律"允许非营利组织成立"附属作业组织"，并通过其取得经营收入。所谓"附属作业组织"，就是由非营利组织控制，具有独立核算能力的组织。当它与非营利组织合并申报所得税且符合"适用标准"的要求时，就能与非营利组织享有同样的税收待遇。税法明确规定商业所得原则上必须缴税，所以医院、研究机构销售商品或劳务的所得无论是否用于公益目的，都要缴税。但在实际操作中，台湾"财政部"的解释函令又允许非营利组织的商业所得扣除该组织其他非商业项目收不抵支部分后，如有余额，才对余额征税，若无，则该部分商业所得就不征税。因此，台湾非营利组织的商业所得很难被征税。

4.2.2 公益捐赠的税收优惠政策

台湾对于公益捐赠的税收政策并无统一的"法律"规定，而散见在个别税法规定中，从所得税、财产税，到营业税等都有。主要内容包括：

1. 税基扣除优惠

所谓税基扣除，乃将计算应纳税额基础之所得或财产总额，依"法律"规定扣除，达到减轻纳税负担之效果，"所得税法"与"公职人员选举罢免法"对于从事公益捐献者，即实行此种租税优惠之

模式。其中关于所得税，由于台湾地区的"所得税法"将个人综合所得税与营利事业所得税合并规定在一部"法律"中，但计算个人综合所得税时，不像营业事业般得扣除成本与费用，因此个人与营业事业作为公益捐献者时，"所得税法"亦采分别规定之方式。

（1）个人从事公益捐赠

台湾"所得税法"第17条第1项第2款第2目："列举扣除额：1.捐赠：纳税义务人、配偶及受扶养亲属对于教育、文化、公益、慈善机构或团体之捐赠总额最高不超过综合所得总额百分之二十为限。但有关国防、劳军之捐赠及对政府之捐献，不受金额之限制。"

（2）营利事业从事公益捐赠

台湾"所得税法"第36条："营利事业之捐赠，得依左列规定，列为当年度费用或损失：一、为协助国防建设、慰劳军队、对各级政府之捐赠，以及经财政部项目核准之捐赠，不受金额限制。二、除前款规定之捐赠外，凡对合于第11条第4项规定之机关、团体之捐赠，以不超过所得额百分之十为限。"

台湾"所得税法"第11条第4项："本法称教育、文化、公益、慈善机关或团体，系以合于民法总则公益社团及财团之组织，或依其他关系法令，经向主管机关登记或立案成立者为限。"

（3）个人或营利事业捐赠政党

台湾"政治献金法"第19条第1、2项："个人对政党、政治团体及拟参选人之捐赠，得于申报所得税时，作为当年度列举扣除额，不适用所得税法第17条有关对于教育、文化、公益、慈善机构或团体捐赠列举扣除额规定；每一申报户可扣除之总额，不得超过当年度申报之综合所得总额百分之二十，其总额并不得超过新台币二十万元。营利事业对政党、政治团体及拟参选人之捐赠，得于申报所得税时，作为当年度费用或损失，不适用所得税法第36条规定；其可减除金额不得超过所得额百分之十，其总额并不得超过新台币五十万元。"

（4）个人或营利事业捐赠维护文化资产经费

台湾"文化资产保存法"第93条："出资赞助办理古迹、历史建筑、古迹保存区内建筑物、遗址、聚落、文化景观之修复、再利用或管理维护者,其捐赠或赞助款项,得依所得税法第 17 条第 1 项第 2 款第 2 目及第 36 条第 1 款规定,列举扣除或列为当年度费用,不受金额之限制。前项赞助费用,应交付主管机关、台湾文化艺术基金会、直辖市或县(市)文化基金会,会同有关机关办理前项修复、再利用或管理维护事项。该项赞助经费,经赞助者指定其用途者,不得移作他用。"

(5) 个人或营利事业捐赠私立学校

台湾"私立学校法"第 62 条:"教育部为促进私立学校发展,得成立财团法人私立学校兴学基金会,办理个人或营利事业对私立学校捐赠有关事宜。个人或营利事业透过前项基金会对学校法人或本法 2007 年 12 月 18 日修正之条文施行前已设立之财团法人私立学校之捐赠,于申报当年度所得税时,得依下列规定作为列举扣除额或列为费用或损失:一、个人之捐款,不超过综合所得总额百分之五十。二、营利事业之捐款,不超过所得总额百分之二十五。个人或营利事业透过第一项基金会,未指定捐款予特定之学校法人或学校者,于申报当年度所得税时,得全数作为列举扣除额或列为费用或损失。第一项基金会之行政经费来源、组织、运作、基金之收支、分配原则、保管、运用、查核及管理办法,由教育部会同财政部定之。"

2. 税额减免优惠

又称"税捐债务之免除",主要指的是就符合法定要件之公益捐赠行为,免除纳税义务人之税捐债务,此类租税优惠主要规定在土地增值税、遗产税与赠与税方面。

(1) 免征土地增值税

台湾"土地税法"第 28 条之一"平均地权条例"、第 35 条之一与"土地税减免规则"第 20 条第 11 款:"私人捐赠供兴办社会福利事业或依法设立私立学校使用之土地,免征土地增值税。但以符合下列各款规定者为限:一、受赠人为财团法人。二、法人章程载明法人解散时,其剩余财产归属当地地方行政机构所有。三、捐赠人未以任何方式取得所捐赠土地之利益。"

(2) 免计入遗产总额

台湾"遗产及赠与税法"第16条:"左列各款不计入遗产总额:一、遗赠人、受遗赠人或继承人捐赠各级政府及公立教育、文化、公益、慈善机关之财产。二、遗赠人、受遗赠人或继承人捐赠公有事业机构或全部公股之公营事业之财产。三、遗赠人、受遗赠人或继承人捐赠于被继承人死亡时,已依法登记设立为财团法人组织且符合行政院规定标准之教育、文化、公益、慈善、宗教团体及祭祀公业之财产。"

台湾"遗产及赠与税法"第16-1条:"遗赠人、受遗赠人或继承人提供财产,捐赠或加入于被继承人死亡时已成立之公益信托并符合左列各款规定者,该财产不计入遗产总额:一、受托人为信托业法所称之信托业。二、各该公益信托除为其设立目的举办事业而必须支付之费用外,不以任何方式对特定或可得特定之人给予特殊利益。三、信托行为明定信托关系解除、终止或消灭时,信托财产移转于各级政府、有类似目的之公益法人或公益信托。"

(3) 免计入赠与总额

台湾"遗产及赠与税法"第20条:"左列各款不计入赠与总额:一、捐赠各级政府及公立教育、文化、公益、慈善机关之财产。二、捐赠公有事业机构或全部公股之公营事业之财产。三、捐赠依法登记为财团法人组织且符合行政院规定标准之教育、文化、公益、慈善、宗教团体及祭祀公业之财产。"

台湾"遗产及赠与税法"第20-1条:"因委托人提供财产成立、捐赠或加入符合第16条之1各款规定之公益信托,受益人得享有信托利益之权利,不计入赠与总额。"

4.2.3 税收政策管理

在台湾,对非营利组织的税收征管政策相对较为宽松,主要表现在:

1. 不强制要求非营利组织必须办理税务登记。根据台湾地区"所得税法"第 11 条的规定，非营利组织享受免税待遇的前提是"经向主管机关登记或立案成立者为限"，可见非营利组织的设立在取得主管机关许可后向地方法院办理登记，即可取得合法地位，至于是否应向当地税务机关办理税务（籍）登记，则没有强制规定。台湾财税部门的实务工作者和学者们都认为此项规定引发诸多问题，例如税务机关不能准确了解税源，无从取得正确的征税资料，致使税务机关对未依法申报的非营利组织束手无策，更难以统计辖区内非营利组织的数量等。

2. 部分非营利组织可以免予办理结算申报。原则上，所有非营利组织及其附属作业组织都必须在每年 3 月底办理所得税结算申报，但台湾财政主管部门的解释函令规定"宗教团体、各行业工会组织、同乡会、同学会等，无任何营业或作业组织收入，仅有会费、捐赠、基金存款的利息或不动产租金收入，可暂免办理结算申报"的简化申报措施。

3. 非营利组织的发票使用并未纳入统一的发票体系。非营利组织及其附属作业可以不使用统一发票或收据，同时，虽然对于捐赠方的原始凭证有专门规定，但对于受赠方应出具的发票，只规定"捐赠应取得受领机关团体的收据或证明"，没有制定统一的格式。

4. 对非营利组织违章的处罚也比较宽容。虽然税法规定非营利组织未在规定期限内办理结算申报的，应在规定期限内补办并缴纳滞纳金，与营利组织无异。但在具体执行中，财政主管部门的解释函令有更为宽松的规定，例如公益机关团体未按规定期限办理结算申报，经税务征收机关通知限期补办，逾期仍未办理的，应由税务机关先辅导补办。

总之，台湾的非营利组织享有非常宽松的税收征管措施，非营利组织不仅可以不办理税务登记，不使用统一的发票（包括公益捐赠发票），而且符合条件的还免于办理结算申报，对于非营利组织未按时申报的情况，也一再给予"辅导"。

4.3 关于目前台湾非营利组织税收政策的主要问题

一是主要集中在"税法"对非营利组织的公益性与非公益性没有明显区分层面，普遍认为公益性非营利组织没有得到应有的政策扶持。

首先，在台湾"税法"条款中，没有公益性非营利组织的定义，也没有对其活动范围进行划分，缺少对公益性非营利组织给予税收政策倾斜的基础。

其次，各个税种在给予非营利组织税收优惠政策时区别对待，有的注意到非营利组织的公益性，有的则不予考虑，有的又特别倾向于某种非营利组织。例如，台湾（加值型）营业税就注意到了非营利组织的不同公益程度，规定公益性非营利组织的收入普遍享受免税待遇，而只给予互益性非营利组织不对外经营收入部分以免税待遇；所得税关于商业所得是否征税的判断标准，重视的是所得的商业性而非公益性；关税的免征并不根据纳税人的身份判断，而是按照进口物资的用途决定；使用牌照税也不区分非营利组织的身份而对纳税客体（供卫生和文化教育宣传的有特殊标识的交通工具）免税；在财产税方面，从地价税、房屋税、契税的有关政策规定看，侧重于公益性非营利组织，但并非各种类型的公益性非营利组织都享有减免，如地价税减免的对象只有私立学校、私立医院、私立公墓、寺庙等办理财团法人登记的法人组织，房屋税和契税给予非营利组织的减免也只限于财团法人；印花税也是对非营利组织中的私立学校、公立学校和领受捐款的公益团体等特定公益性非营利组织给予减免。

二是在捐赠对象上，普遍认为只要是向符合"适用标准"的非营利组织的捐赠都可以抵扣，并没有对公益性非营利组织的捐赠有更优惠的政策。

比如，税法中有关捐款扣除的规定符合普遍做法，但具体问题的规定不够细致。"在合理的范围内，捐助公益组织（而非互惠性组织）的个人与商业实体，对该款项享有税赋扣除额或税款抵扣优惠"

是普遍的做法，台湾有关个人或企业捐赠给非营利组织的税收扣除规定基本也如此，例如"营利事业所得税法"规定个人和营利事业对于教育、文化、公益、慈善机关或团体的捐赠总额最高不得超过综合所得总额20%和10%的限额内扣除。"遗产与赠与税法"规定："遗赠人、受遗赠人或继承人在被继承人死亡时，捐赠给已依法登记设立为财团法人组织而且符合行政院规定标准的教育、文化、公益、慈善、宗教团体及祭祀公业的财产不计入遗产总额"等。在具体的扣除方法上，直接将符合条件的捐款从应纳税所得额中扣除，这样做直接影响到捐赠人应纳税所得额所处的征税级距，所得越高的人受益越大，对鼓励高收入者慷慨捐赠具有刺激作用。另外，对私立学校的捐赠可以有更高的扣除比例，个人为50%，营利事业为25%，但必须通过财团法人私立学校兴学基金会。台湾税制对于是否允许未抵扣完的捐赠递延抵扣以及实物捐赠如何计价等具体问题则没有明确的规定。

参考文献

［1］陈南华：《台湾非营利组织税收制度及其启示》，《涉外税务》2006年7月。
［2］张永明：《台湾地区公益捐赠租税优惠法制》，《财税法论丛》2011年第1期。

第五章　台湾非营利组织的登记制度

李　勇[*]

【**本章摘要**】本章主要介绍了台湾地区"民法"中关于法人的规定包括通则与具体规范，介绍了台湾地区非营利组织的主要类别，并分析了其基本登记制度。

台湾地区"民法"是台湾地区包括非营利组织在内法人的法源，既有通则，又有对社团和财团的设立与内部治理的规定。虽然台湾社会也采用了"非营利组织"、"非政府组织"等概念，但"法律"中没有对"非营利组织"的界定。台湾地区"人民团体法"是调整和指导人民团体的基本"法律"规范。按其规定，人民团体共分为职业团体、社会团体和政治团体三个大类。其属性是大体一致的，即具有非营利性、非政府性、组织性、自愿性等共同特征。台湾地区对人民团体施行归口立案（相当于中国大陆所称的"注册登记"）。经许可批准的组织即为合法团体，可合法开展活动和享受税收减免等待遇。"人民团体法"、"社会团体许可立案规定"是登记的主要依据。

总之，欲了解台湾地区非营利组织的登记制度，应首先理解台湾地区"民法"中关于法人的规定，然后明确非营利组织的法人类别及其在"人民团体法"中的分类办法，最后再解读其基本的等级制度。

---

[*] 李勇，原民政部社会组织管理局副局长。

5.1 台湾"民法"中关于法人的规定

5.1.1 通则

台湾地区"民法"规定,法人非依"本法"或其他"法律"之规定,不得成立。法人于法令限制内,有享受权利负担义务之能力。但专属于自然人之权利义务,不在此限。

法人应设董事。董事有数人者,法人事务之执行,除章程另有规定外,取决于全体董事过半数之同意。董事就法人一切事务,对外代表法人。董事有数人者,除章程另有规定外,各董事均得代表法人。对于董事代表权所加之限制,不得对抗善意第三人。法人得设监察人,监察法人事务之执行。监察人有数人者,除章程另有规定外,各监察人均得单独行使监察权。法人对于其董事或其他有代表权之人因执行职务所加于他人之损害,与该行为人连带负赔偿之责任。

法人非经向主管机关登记,不得成立。法人以其主事务所之所在地为住所。

法人登记后,有应登记之事项而不登记,或已登记之事项有变更而不为变更之登记者,不得以其事项对抗第三人。

受设立许可之法人,其业务属于主管机关监督,主管机关得检查其财产状况及其有无违反许可条件与其他"法律"之规定。

受设立许可法人之董事或监察人,不遵主管机关监督之命令,或妨碍其检查者,得处以 5000 元以下之罚款。前项董事或监察人违反法令或章程,足以危害公益或法人之利益者,主管机关得请求法院解除其职务,并为其他必要之处置。

法人违反设立许可之条件者,主管机关得撤销其许可。

法人之财产不能清偿债务时,董事应即向法院申请破产。不为前项申请,致法人之债权人受损害时,有过失之董事,应负赔偿责任,其有二人以上时,应连带负责。

法人之目的或其行为,有违反"法律"、公共秩序或善良风俗者,法院得因主管机关、检察官或利害关系人之请求,宣告解散。法人解散后，其财产之清算，由董事为之。但其章程有特别规定，或总会另有决议者，不在此限。不能依前条规定，定其清算人时，法院得因主管机关、检察官或利害关系人之申请，或依职权，选任清算人。清算人，法院认为有必要时，得解除其任务。

清算人之职务如下：

一、了结现务。

二、收取债权，清偿债务。

三、移交剩余财产于应得者。

法人至清算终结止，在清算之必要范围内，视为存续。

清算之程序，除本通则有规定外，准用股份有限公司清算之规定。法人之清算，属于法院监督。法院得随时为监督上必要之检查及处分。法人经主管机关撤销许可或命令解散者，主管机关应同时通知法院。法人经依章程规定或总会决议解散者，董事应于十五日内报告法院。清算人不遵法院监督命令，或妨碍检查者，得处以5000元以下之罚款。董事违反前条第三项之规定者亦同。

法人解散后，除"法律"另有规定外，于清偿债务后，其剩余财产之归属，应依其章程之规定，或总会之决议。但以公益为目的之法人解散时，其剩余财产不得归属于自然人或以营利为目的之团体。如无前项"法律"或章程之规定或总会之决议时，其剩余财产归属于法人住所所在地之地方自治团体。

5.1.2 社团

以营利为目的之社团，其取得法人资格，依特别法之规定。以公益为目的之社团，于登记前，应得主管机关之许可。

设立社团者，应订定章程，其应记载之事项如下：

一、目的。

二、名称。

三、董事之人数、任期及任免。设有监察人者，其人数、任期及任免。

四、总会召集之条件、程序及其决议证明之方法。

五、社员之出资。

六、社员资格之取得与丧失。

七、订定章程之年、月、日。

社团设立时，应登记之事项如下：

一、目的。

二、名称。

三、主事务所及分事务所。

四、董事之姓名及住所。设有监察人者，其姓名及住所。

五、财产之总额。

六、应受设立许可者，其许可之年、月、日。

七、定有出资方法者，其方法。

八、定有代表法人之董事者，其姓名。

九、定有存立时期者，其时期。

社团之登记，由董事向其主事务所及分事务所所在地之主管机关行之，并应附具章程备案。

社团之组织及社团与社员之关系应以章程定之。

社团以总会为最高机关。

下列事项应经总会之决议：

一、变更章程。

二、任免董事及监察人。

三、监督董事及监察人职务之执行。

四、开除社员。但以有正当理由时为限。

总会由董事召集之，每年至少召集一次。董事不为召集时，监察人得召集之。如有全体社员十分之一以上之请求，表明会议目的及召集理由，请求召集时，董事应召集之。董事受前项之请求后，一个月内不为召集者，得由请求之社员，经法院之许可召集之。总会之召集，除章程另有规定外，应于三十日前对各社员发出通知。通知内应载明会议目的事项。

总会决议，除本"法"有特别规定外，以出席社员过半数决之。社员有平等之表决权。社员表决权之行使，除章程另有限制外，得以书面授权他人代理为之。但一人仅得代理社员一人。社员对于总会决议事项，因自身利害关系而有损害社团利益之虞时，该社员不得加入表决，亦不得代理他人行使表决权。

社团变更章程之决议，应有全体社员过半数之出席，出席社员四分之三以上之同意，或有全体社员三分之二以上书面之同意。受设立许可之社团，变更章程时，并应得主管机关之许可。

社员得随时退社。但章程限定于事务年度终，或经过预告期间后，始准退社者，不在此限。前项预告期间，不得超过六个月。

已退社或开除之社员，对于社团之财产无请求权。但非公益法人，其章程另有规定者，不在此限。前项社员，对于其退社或开除以前应分担之出资，仍负清偿之义务。

总会之召集程序或决议方法，违反法令或章程时，社员得于决议后三个月内请求法院撤销其决议。但出席社员，对召集程序或决议方法，未当场表示异议者，不在此限。总会决议之内容违反法令或章程者，无效。

社团得随时以全体社员三分之二以上之可决解散之。

社团之事务，无从依章程所定进行时，法院得因主管机关、检察官或利害关系人之声请解散之。

5.1.3 财团

财团于登记前，应得主管机关之许可。

设立财团者，应订立捐助章程。但以遗嘱捐助者，不在此限。捐助章程，应订明法人目的及所捐财产。以遗嘱捐助设立财团法人者，如无遗嘱执行人时，法院得依主管机关、检察官或利害关系人之声请，指定遗嘱执行人。

财团设立时，应登记之事项如下：

一、目的。
二、名称。
三、主事务所及分事务所。
四、财产之总额。
五、受许可之年、月、日。
六、董事之姓名及住所。设有监察人者,其姓名及住所。
七、定有代表法人之董事者,其姓名。
八、定有存立时期者,其时期。

财团之登记,由董事向其主事务所及分事务所所在地之主管机关行之。并应附具捐助章程或遗嘱备案。

财团之组织及其管理方法,由捐助人以捐助章程或遗嘱定之。捐助章程或遗嘱所定之组织不完全,或重要之管理方法不具备者,法院得因主管机关、检察官或利害关系人之声请,为必要之处分。

为维持财团之目的或保存其财产,法院得因捐助人、董事、主管机关、检察官或利害关系人之声请,变更其组织。

财团董事,有违反捐助章程之行为时,法院得因主管机关、检察官或利害关系人之声请,宣告其行为为无效。

因情事变更,致财团之目的不能达到时,主管机关得斟酌捐助人之意思,变更其目的及其必要之组织,或解散之。

总之,"民法"作为台湾地区对法人进行规定的法源,从根本上决定了台湾地区非营利组织的类别、治理结构、登记与监管制度。

5.2　台湾非营利组织的类别

5.2.1　法人类别

台湾地区法人可分为公法人和私法人。公法人包括了官方法人、公立学校法人、特定机关法人、地方自治团体、农田水利会等,不在"人民团体法"规范的范围内。私法人根据其设立基础分为社团法人或是财团法人。

社团法人是以社员为基础而组成的。社团法人包括：营利社团法人和公益社团法人。

营利社团法人，包含银行及公司，有"公司法"等做特别规范。

公益社团法人即人民团体包括：互惠性社团法人和公益性社团法人。

财团法人为财产的集合体。以捐助人一定财产而成立的组织属于财团法人。财团法人包括公益财团法人和特别财团法人。

公益财团法人主要指基金会。特别财团法人包括：私立学校、私立医院、寺庙、教会、研究机构、社会福利机构等。

台湾地区法人分类见表 5-1。

表 5-1 台湾地区法人分类

法人				
	公法人：官方法人、公立学校法人、特定机关法人等			
	私法人	社团法人	营利社团法人：银行及公司	
			公益社团法人：人民团体	互惠性社团法人
				公益性社团法人
		财团法人	公益财团法人	基金会
			特别财团法人	私立学校
				私立医院
				寺庙、教会
				研究机构
				社会福利机构

5.2.2　人民团体分类

台湾地区"民法"提及人民团体，但未做出直接定义。"人民团体法"列举了三种类型，即政治团体、职业团体和社会团体。

1. 职业团体

所谓的职业团体是指系以协调同业关系，增进共同利益，促进社会经济建设为目的，由同一行业之单位，团体或同一职业之从业人员组成之团体，也就是各行业的工会组织、工商业同业公会、农渔会及各种专门技术人员公会等。

2. 社会团体

社会团体指以推展文化、学术、医疗、卫生、宗教、慈善、体育、联谊、社会服务或其他以公益为目的所组成的团体，如协会、学会、同乡会等。

依据"社会团体许可立案作业规定"，社会团体分类如下：

（一）学术文化团体：以促进教育、文化、艺术活动及增进学术研究为主要功能之团体。

（二）医疗卫生团体：以协助医疗服务，促进"国民"健康为主要功能之团体。

（三）宗教团体：以实践宗教信仰为目的之团体。

（四）体育团体：以普及体育运动，推展休闲育乐活动，提高体育水平，增进身心健康，研究体育学术为主要功能之团体。

（五）社会服务及慈善团体：以办理社会服务及慈善活动为主要功能之团体。

（六）国际团体：以办理国际交流活动，促进台湾地区人民与其他地区人民间之认识及联系为主要功能，经涉外事务主管部门认定之国际组织同意在台湾地区设立之总会组织或经涉外事务主管部门同意之台湾地区与他国间之对等交流团体。

（七）经济业务团体：以农业（农林渔牧狩猎业）、工矿业（矿业、制造业、水电燃料瓦斯业、营造业）、服务业（商业、运输仓储及通信业、金融保险、不动产及工商服务业等）等经济业务或相关学术之研究、发展为主要功能之团体。

（八）宗亲会：指姓氏相同者组织之宗亲团体。

（九）同乡会：指原籍贯或出生地（以省市、县市区域为准）相同者于他行政区域组织之同乡团体，或区域同乡团体联合海外同乡团体组织之世界同乡总会。

（十）同学校友会：以联络有正式学籍之台湾地区小学以上学校毕业（或已离校肄业）或经"教育部"承认之台湾地区外大学以上学校毕业（或研修结业）同学校友情谊为主要功能之团体。

(十一) 其他公益团体。

3. 政治团体

政治团体指以共同民主政治理念，协助形成公民政治意志，促进公民政治参与为目的所组成的团体，由台湾地区人民组成之团体；如果全台性的政治团体以推荐候选人参加公职人员选举为目的，即是政党。

总之，台湾地区非营利组织在性质上来说属于私法人，并进一步从属于社团法人和财团法人两大类别。台湾地区"人民团体法"对公益类社团法人进行了分类，使得台湾的非营利组织可以整体上归为政治团体、职业团体和社会团体。见表5-2。

表5-2 台湾地区"民法"系统中非营利组织分类

人民团体	政治团体	指以共同民主政治理念，协助参与形成台湾地区人民政治意志，促进台湾地区人民政治参与为目的，由台湾地区人民组成之团体；如果全台湾地区性的政治团体以推荐候选人参加公职人员选举为目的，即是政党	
	职业团体	指以协调同业关系，增进共同利益，促进社会经济建设为目的，由同一行业之单位、团体或同一职业之从业人员组成之团体，也就是各行业的工会组织、工商业同业公会、农渔会及各种专门技术人员公会等	
	社会团体	学术文化团体	以促进教育、文化、艺术活动及增进学术研究为主要功能之团体
		医疗卫生团体	以协助医疗服务，促进台湾地区人民健康为主要功能之团体
		宗教团体	以实践宗教信仰为目的之团体
		体育运动团体	以普及全民运动，增进身心健康；发展竞技运动，强化运动技术水准；蓬勃运动产业及运动学术研究为主要功能之团体
		社会服务及慈善团体	以办理社会服务及慈善活动为主要功能之团体
		国际团体	以办理国际交流活动，促进台湾地区人民与他国人民间之认识及联系为主要功能，经涉外事务主管部门认定之国际组织同意在我台湾地区设立之总会组织或经涉外事务主管部门同意之台湾地区与他国间之对等交流团体
		经济业务团体	以农业（农林渔牧狩猎业）、工矿业（矿业、制造业、水电燃料瓦斯业、营造业）、服务业（商业、运输仓储及通信业、金融保险、不动产及工商服务业等）等经济业务或相关学术之研究、发展为主要功能之团体

续表

人民团体	社会团体	环保团体	以提升环境质量，从事环境保护，维护环境资源为主要目的之团体
		宗亲会	姓氏相同者组织之宗亲团体
		同乡会	指原籍贯或出生地（以省市、县市区域为准）相同者于他行政区域组织之同乡团体，或区域同乡团体联合海外同乡团体组织之世界同乡总会
		同学校友会	以联络有正式学籍之台湾地区内小学以上学校毕业（或已离校肄业）或经"教育部"承认之台湾地区外大学以上学校毕业（或研修结业）同学校友情谊为主要功能之团体
		其他公益团体	

5.3 台湾非营利组织登记

5.3.1 选择登记

在台湾地区，人民团体可以立案登记为法人组织，如社团法人和财团法人组织，也可只立案并不向法院登记成为法人。人民团体是否要登记成为法人，相关"法律"是采取开放的态度，由各人民团体自行决定之。

人民团体取得法人资格，即获得"法律"确定的主体地位，有民事行为能力，享受应有的权利与义务，拥有财产的归属权。

人民团体未登记成为法人，在"法律"上属非法人团体，例如一些联谊会、同学会、合唱团等就没有办理立案登记。这类组织大量存在于基层，可以正常开展各种活动，但不要违法。同时这类组织不享有官方给予非营利组织的税费优惠，也无法成为官方采购对象，对外公信力较差。非法人团体的财产只能归属于团体的社员公同共有；唯有在设有代表人或是管理人时，方有当事人能力。台湾地区民事实务上要求非法人团体必须有一定之名称及事务所或营业所，并有独立之财产时，才认可非法人团体的当事人能力。

5.3.2 行政管理关系

台湾地区人民团体首先由主管机关核定设立许可，表明该组织具有合法立案之地位；再由法院负责法人登记，以取得法人地位。

"人民团体法"规定，本法所称主管机关系指在省和省以上为"内政部"；在"直辖市"为"直辖市政府"；在县（市）为县（市）政府。但其目的事业应受各该事业主管机关之指导、监督。县市一级执掌人民团体业务的职能机构是社会局（处）。政治团体由"内政部"主管。

发起成立人民团体向"内政部"或社会局（处）申请立案，一经主管机关同意立案，即为合法团体。按照台湾地区"民法"的相关规定，人民团体若想获得法人资格，须向法院提出登记申请。经法院注册后，该团体名称须另行冠以"社团法人"或"财团法人"字样，以彰显其法人资格。

5.3.3 注册登记

人民团体要想成为法人就需要登记。台湾地区"民法"总则中第二十五条规定："法人非依本法或依其他法律之规定，不得成立。对法人之设立，不采自由设立主义，而是必须依法成立，即所谓法人法定主义"。第四十六条规定，以公益为目的的社团，于登记前应得主管机关之许可，才能取得法人之地位，成为"法律"上权利义务的主体。"人民团体法"第十一条规定，人民团体经主管机关核准立案后，得依法向该管地方法院办理法人登记，并于完成法人登记后三十日内，将登记证书复印件送交主管机关查备。

人民团体之组织，应由发起人检具申请书、章程草案及发起人名册，向主管机关申请许可。发起人须年满二十岁，并应有三十人以上，且无下列情事为限：因犯罪经判处有期徒刑以上之刑确定，尚未执行或执行未毕者。但受缓刑宣告者，不在此限；受保安处分或感训处分之裁判确定，尚未执行或执行未毕者；受破产之宣告，尚未复权者；受监护宣告，尚未撤销者。

人民团体经许可设立后，应召开发起人会议，推选筹备委员，组织筹备会，筹备完成后，召开成立大会。筹备会会议及成立大会，均应通知主管机关，主管机关得派员列席。

人民团体应于成立大会后三十日内检具章程、会员名册、选任职员简历册，报请主管机关核准立案，并发给立案证书及图记。

人民团体经主管机关核准立案后，得依法向该管地方法院办理法人登记，并于完成法人登记后三十日内，将登记证书影本送主管机关备查。

人民团体章程应载明下列事项：

一、名称。

二、宗旨。

三、组织区域。

四、会址。

五、任务。

六、组织。

七、会员入会、出会与除名。

八、会员之权利与义务。

九、会员代表及理事、监事之名额、职权、任期及选任与解任。

十、会议。

十一、经费及会计。

十二、章程修改之程序。

十三、其他依法令规定应载明之事项。

5.3.4 社会团体许可立案作业规定

为了对社会团体的设立许可程序有更完整的规范，有关部门制定了"社会团体许可立案规定"，对登记事项做出更详尽的规范。摘要如下：

一、社会团体之组织，应由发起人检具申请书、章程草案及发起人名册等向主事务所所在地之"直辖市"、县（市）政府申请许可。

发起人户籍或工作地（以团体为发起人者，其代表之户籍或工作地）分布于七个"直辖市"、县（市）以上者得向"内政部"申请筹组全台湾地区性团体。

二、发起人

以团体为发起人者，其代表需年满二十岁，并应有三十人以上，且无"人民团体法"第八条第二项所定消极资格者。发起人应于发起人名册亲自签名或盖章，并具结无前项消极资格情事，自负法律责任。发起人应设籍或工作于组织区域内，发起人为个人者，应附具足资证明户籍或工作地之资料一份（台湾地区人民身份证、驾驶执照复印件、外侨居留证复印件、现职与工作地证明等）；为团体者，应附具合法立案证明一份（立案证书影本、公司执照复印件等）。申请团体名称涉及专门学术者，发起人应检附具有专门学术之资格证明。申请团体名称、宗旨、任务涉及宗教者，另附下列文件：

（一）教义及经典。

（二）教主及其生忾事略。

（三）宗教仪规。

（四）传教沿革。

三、章程应载明下列事项：

（一）名称：名称应明确表示其业务性质，并与宗旨、任务、会员及发起人资格相称。

（二）宗旨：载明团体之基本目标及本团体为依法设立、非以营利为目的之社会团体。

（三）组织区域：载明所属之行政区域名称。

（四）会址：设于主管机关所在地区（但经主管机关核准者，会址得设于其他地区），会址得不详列门牌号码，需设分支机构（办事处等）者，载明应报经主管机关核准设之。

（五）任务。

（六）组织：载明内部执行及监察组织（如会员大会、理事会、监事会等）之名称、组成及职权；如有其他内部组织，载明设置之条款。

（七）会员入会、出会及除名：

1. 会员类别及名称：依团体性质择用个人会员（或正式会员、普通会员、基本会员）、团体会员、预备会员（或准会员）、永久会员、学生会员、赞助会员、荣誉会员（或名誉会员）或其他适当名称。永久会员指其缴纳一定数额常年会费后，即不必缴纳常年会费之会员，其出会，再入会时仍须依章程缴纳会费。会员（会员代表）之年龄，除预备会员（或准会员）、赞助会员、荣誉会员（或名誉会员）及法令另有规定者外，以年满二十岁者为限。

2. 会员入会之程序及资格、条件、限制。

3. 会员出会、除名之程序及条件。

（八）会员之权利及义务：

1. 会员之权利：

会员之权利及义务应基于均等原则，会员依法应享之权利，不得于章程任意予以限制或剥夺。

2. 会员之义务：

（1）会员有遵守团体章程、决议，及缴纳会费之义务。

（2）载明会员未依规定缴纳会费之处理条款（例如停权或除名）。

（九）会员代表与理事、监事之名额、职权、任期及选任及解任：

1. 有团体会员（含会员单位及下级团体）者，应推（选）派代表行使会员权利，并载明其名额。

2. 为下级团体者，载明其选派上级团体会员代表之选任及解任方式。

3. 成立后会员（会员代表）人数有超过三百人以上之情形，并有改开代表大会之必要者，应载明召开会员代表大会行使会员大会职权，并载明会员代表之名额、任期、选任及解任方式。

4. 理事、监事应包括由其互选之职位（例如常务理事、常务监事、理事长等）。社会团体理事长、副理事长、监事会召集人（常务监事）等职称，报经主管机关核准，得于章程另定之，其范围以下列为原则：

（1）理事长得称为会长、社长，副理事长得称为副会长、副社长。

（2）监事会召集人，或常务监事为一人者，得称为监事长。

（十）会议：载明会议种类、召集时间、次数、召集人、主席、召集条件、决议额数及方法。

（十一）经费及会计：

1. 载明经费来源项目及名称。

2. 载明会员入会费、常年会费之缴纳标准及缴纳方式。

3. 载明会计年度以历年为准，自每年一月一日起至十二月三十一日止。

4. 载明本团体于解散后，剩余财产归属所在地之地方自治团体或主管机关指定之机关团体所有意旨之文字。

（十二）章程修改之程序：

1. 载明章程经会员（会员代表）大会通过，报经主管机关核备后施行，变更时亦同。

2. 订定及变更章程之会员（会员代表）大会年、月、日、届次及主管机关核备之年、月、日、文号得于章程附载之。

（十三）其他法令规定载明之事项。

四、申请许可设立社会团体，应附具之证明文件，其原本需发还者，应提出缮本或复印件，由提出人签名或盖章，证明与原本无异，并由主管机关核对相符后附卷。

五、社会团体之申请书表有下列情事之一者，应认其不合于程序：

（一）名称与其他已许可人民团体之名称相同者。

（二）名称、宗旨、任务、会员及发起人资格显不相称者。

（三）名称使用易于使人误认其与政府机关、营利团体有关或有妨害社会秩序或善良风俗，有误导公众之虞者。

（四）章程宗旨、任务之内容，显有误导公众之虞者。

（五）章程之任务规定未具体条列，或显不可行者。

（六）章程任务有违反法令规定，或列有其他公私机关或团体之法定专属任务者。但得协办之任务，列为协办者，不在此限。

（七）章程所列宗旨、任务涉及专门学术，而发起人名册之学历、经历及职业资料所示之资格与该专门学术显不相称，或与章程所列会员资格条件显不相称，未能推展团体之设立目的者。

六、社会团体章程内有下列各款情事之一者，应认其非以公益为目的：

（一）以团体收入之全部或一部分属于特定之私人或营利为目的之团体者。

（二）团体解散时，其剩余财产归属于自然人或以营利为目的之团体者。

（三）允许会员或受益人之继承人继承其权益者。

（四）任务项目有营利事业项目者。

（五）其他显然不以公益为目的者。

七、申请社会团体除有下列情事之一者外，应予许可：

（一）非本机关主管者。

（二）应提出之文件不完备者。

（三）申请书不合于程序者。

（四）有事实足认为有危害公共利益、社会秩序或善良风俗之虞者。

（五）设立目的违反法令者。

（六）设立目的违反公共利益、社会秩序或善良风俗之虞者。

（七）章程内容违反法令或设立目的者。

（八）设立目的与目的事业主管机关职掌相违或显不兼容者。

（九）财务收入之总额，显不足以达成设立目的及推展业务所必要之活动开支者。

（十）其他违反法令规定情事者。

前项不予许可之情事，如属章程草案内容有关事项，得修正者，主管机关得先行许可筹组，并于许可筹组文件载明应予修正之内容，或载明章程草案提筹备会及成立大会审议后再予核备。

八、主管机关于收受社会团体申请案件后，应即进行审查，在未许可前，审查程序以不公开为原则。申请案件不予许可者，应附理由通知申请人，可以补正者，应酌定期间命其补正，逾期不补正者，不予许可。应许可者，通知申请人于六个月内筹备成立，逾期废止许可。但经主管机关核准者，得延长之，其期间以三个月为限。申请案件之驳回应以书面为之，不得以言词或退件方式拒绝受理。申请文件，主管机关得不予发还。

九、主管机关审查社会团体申请许可案件，对于章程内容列有目的事业主管机关依法主管事项者，应会商目的事业主管机关审查，必要时得会商其他有关单位，并得设置审议小组处理。

十、主管机关审查社会团体申请案件之决定，自收受申请书之次日起，应于二个月内为之，其需经会商案件，必要时得延长之。但不得逾二个月，并通知申请人。

十一、主管机关先后收受二个以上相同名称之申请案件时，由先申请者优先取得该名称，并通知后申请者变更名称。

前项收受之先后顺序以主管机关收文日期为准，收文日期相同时，由主管机关通知各该申请人以抽签定之。

十二、社会团体经许可设立后，应召开发起人会议，推选筹备委员，组织筹备会，筹备完成后召开成立大会。发起人会议互推筹备委员至少七人，组织筹备会，负责办理筹备事宜。筹备委员应互推一人为筹备会主任委员为召集人。

筹备会应于理、监事选出前，将档案、财务及人事等造具清册一式三份，于第一届理事长选出后，当场以一份移交理事长，移交时由监事会召集人（常务监事）监交，并于十五日内，由理事长会同监交人接收完毕，分别于清册签章。筹备会于移交后撤销之。移交清册由筹备会主任委员、理事长及团体各存一份。

十三、筹备会之任务如下：

（一）审查章程草案，并提成立大会审议。

（二）决定筹备期间联络地址。

（三）决定筹备期间工作人员之任免。

（四）订定会员申请入会手续、申请书格式并公开征求会员。

（五）审定会员（会员代表）资格并造具其名册。

（六）拟定团体当年度工作计划及岁入岁出预算表，并提成立大会审议。下半年度（七月至十二月）成立之团体，应增订次一年度工作计划及岁入岁出预算表。

（七）拟订成立大会之讨论提案及编制大会手册。

（八）筹备期间经费收支之收缴及筹垫，并提报成立大会追认。

（九）决定成立大会召开之日期及地点。

（十）筹备有关选任职员之选任事宜。

（十一）筹备工作其他重要事项之决定。

十四、发起人会议由发起人代表召集，筹备会议、成立大会及第一次理事会、监事会由筹备会主任委员召集，第一次理事会、监事会如逾期不为召集时，由得票最多数之理事、监事或由主管机关指定之理、监事召集，大会应于十五日前通知，其他会议应于七日前通知，并均应函报主管机关备查。

前项会议之通知及报备应说明会议种类、时间、地点及议程。成立大会之报备应另附会员名册。会议纪录应于会后三十日内分发应出席人员，并函报主管机关备查。

十五、发起人会议、筹备会议、成立大会及第一次理事会、监事会均应有应出席人员过半数之出席，出席人员较多数之同意，始得决议。但订定章程之决议应有出席人数三分之二以上之同意。发起人不能亲自出席发起人会议时，得以书面委托其他发起人代理，每一发起人以代理一人为限。筹备委员出席筹备会议不得委托他人代理。

十六、社会团体筹备期间，应公开征求会员。

十七、社会团体第一届第一次理事会应将团体会址处所之决定列入议程。前项会址处所应取得同意使用证明文件（例如租约、借用同意书等）。

十八、社会团体应于成立后三十日内检具下列文件各一份报请主管机关核准立案，并发给立案证书及图记：（一）第一届第一次会员大会纪录。（二）第一届第一次理事监事会议纪录。（三）会员大会决议通过之章程。（四）会员大会决议通过之年度工作计划。（五）会员大会决议通过之年度经费收支预算表。（六）选任职员（理事监事）简历册。（七）会务工作人员简历册。（八）会址同意使用证明文件（例如租约、借用同意书等）。（九）申请理事长当选证明书资料表及理事长照片两张。（十）会员名册。

立案证书之发给依"人民团体立案证书颁发规则"办理；图记之发给依"印信条例"规定办理。

社会团体领得立案证书及图记后，应妥为保存并应列入移交。主管机关核准社会团体立案时，应将核准文书副知相关目的事业主管机关及会址所在地之税务机关。

十九、社会团体经主管机关核准立案后，得依法向该管法院办理法人登记，并于完成法人登记后三十日内，将登记证书影本送主管机关备查。社会团体办理法人登记指公益社团法人登记而言。主管机关无庸于社会团体申请法人登记之文书验印。

二十、社会团体完成社团法人登记，于团体名称冠以社团法人后，该社团法人即为团体全名称之一部。但主管机关核准团体立案时，原核备之章程及原发给之立案证书、图记及其他文书等，无庸于团体名称上更改冠以社团法人文字。

二十一、社会团体立案后，应于会址处所对外悬挂名牌，并应于公文封及公文纸内载明立案证书字号及发给机关名称，如已办理法人登记者，应增列法人登记字号及登记机关名称，以利识别。

二十二、主管机关对经许可筹备或核准立案之社会团体，事后发现其申请书有虚伪不实情事者撤销其许可，或其设立许可条件变更，致与原有规定不合者,得依法废止其许可。

总之,虽然台湾的非营利组织虽然可以在选择登记后获得"法律"确定的主体地位,有民事行为能力,享受应有的权利与义务,拥有财产的归属权,但是没有登记的非营利组织也可以开展各种活动,并不被"法律"禁止。与此同时,台湾也对社会团体的登记事项做出了更加详尽的规范。

参考文献

台湾"民法"、"人民团体法"、"社会团体许可立案规定"。

第六章　台湾当局对非营利组织的支持体系

廖鸿　朱鸣[*]

【本章摘要】本章首先从历史的角度，介绍台湾当局执政不同的时期，当局政策调整给非营利组织发展带来的变化；然后从现时层面，介绍台湾当局对社会组织支持体系的发展现状；最后对台湾当局对非营利组织支持的特点、台湾当局与非营利组织互动关系成因作简要分析。

从历史演变的角度可以看出台湾对非营利组织的支持体系的变化，包括设立登记、税收优惠、资金支持、人力支持等方面，同时支持体系的发展也受到政治、经济、社会等方面的因素影响。

6.1　台湾当局和非营利组织关系的历史演变

本章的研究时段是从1949年国民党败退台湾开始至今，选择这样一个历史阶段，主要考虑这期间讨论对象内部是均质的，其次1949年前非营利组织在台湾的发展是有限的，对于本书研究来说意义有限。

台湾当局和非营利组织关系的历史演变与台湾当局从威权体制向

---

[*] 廖鸿，民政部社会组织管理局（社会组织执法监督局）副局长（正司级），江西省萍乡市委常委、副市长，中央党校（国家行政学院）兼职教授、南京大学特聘研究员；朱鸣，民政部政策法规司四级调研员，现参与社会组织登记管理、慈善领域相关法规政策研究制定。

民主体制转型的趋势密切相关，总体上呈现出政治力逐步退出、收缩，社会力逐步发展壮大的趋势。由此出发，我们按照台湾民主化进程划分三个重要发展阶段，并讨论不同时期当局和非营利组织的关系。①

6.1.1 威权统治时期：控制与依附关系（1949~1970年代）

1949年国民党在中国大陆全面溃败。出于反思内战失败和巩固政权的双重需要，国民党政府在迁台前后，将其在大陆统治时期建立起的"党国体系"搬到台湾并加以强化，从此台湾地区进入了高压威权政治时期。1949年5月19日台湾省政府主席陈诚宣布在台湾地区实行戒严，颁布"台湾省戒严令"，1949年底，又陆续颁布相关管制法令，包括："戒严期间防止非法集会结社游行请愿罢课罢工罢市罢业等规定实施办法"、"戒严期间新闻杂志图书管理办法"、"惩治叛乱条例"等。在这些戒严时期的制度框架下，民众的思想和行动受到严格监控和钳制，人民无结社、集会、请愿、游行的自由，不得组织新党、创办新报纸。军方可以取缔其认为"有碍军事"的言论、新闻、杂志、标语及其他出版物，军事法庭可以审判所谓"匪谍"、"叛乱"罪等等。

威权统治时期，台湾当局和非营利组织之间的关系主要表现为控制与依附。当局对非营利组织的管控主要通过三个途径。

首先，通过应对特殊时期的管制性"法律"法规制度实现对非营利组织的严格管控。"戒严法"规定，"戒严地域内最高司令官有执行左列事项之权：一、得停止集会、结社及游行、请愿，并取缔言论、讲学、新闻杂志、图画、告白、标语暨其他出版物之认为与军事有妨害者。上述集会、结社及游行、请愿，必要时并得解散之"。"非常时期人民团体组织法"规定，"在同一区域内，同性质同层级之人民团体，以组织一个为限"，其组织程序为：由发起人向主管官署申请许可，经许可后，主管官署应即派人指导；发起人推定筹备

---

① 该部分的阶段划分和一些观点部分参考了天津师范大学杨彬的硕士论文：《台湾地区非政府组织与政府互动关系之研究——基于治理的视角》（2015年6月）。

员，组织筹备会，呈报主管官署备案；人民团体于召开成立大会前应将筹备经过连同章程草案呈报主管官署并请派员监选；团体组织完成，造具会员名册、职员略历册，连同章程各一份呈报主管官署立案，并由主管官署造具简表转送目的事业主管官署备查；人民团体经核准立案后，应颁发立案证书及图记。① 由此可见尽管根据台湾宪制性规定，人民有集会结社的自由，但在1949年之后长达38年的戒严时期内，台湾人民结社自由的条文实际上成了一纸空文，民众结社受到官方的多重管制、单一垄断和严格监控。

其次，通过党的组织体系对各种非营利组织进行组织渗透。这应该视作国民党在处理党组织和非营利组织，特别是与工会、农会等团体关系时一贯做法的延续。早在国民党败退台湾之前，通过在非营利组织中组建党团组织，设立、派遣书记和指导员等方式，加强党对非营利组织的领导和控制，② 将其作为党组织的从属机构，视作党员征纳的蓄水池和预备库，试图利用其为自身的政治目标服务。③ 国民党败退台湾之后，为更好地控制社会经济各部门，对自身组织体系进行全盘改造，专门成立职业党部和产业党部，并以此为基础开展有计划的党组织渗透：对于重要行业和领域，由国民党主导相关非营利组织的筹建和组织，取得对组织的领导权；对于已经成立的相关非营利组织，由党组织加以渗透，设法掌握其领导权；对于想成立与党敌对及竞争的团体，抢先成立同性质的"御用"组织加以限制和妨碍。其中最典型的例子就是国民党对于工会的控制，国民党通常先在台湾各行业的劳工群体中建立党组织，然后透过党组织策动劳工进行筹组工会，在国民党主动介入筹组工会之后，不仅取得工会组织的先占优势，且合法

---

① "非常时期人民团体组织法"，（1942年2月10日国民政府公布）。
② 岳宗福、张献勇、聂家华、陈长征、张彦丽编著《民国时期社会组织管理体制研究——以国民政府社会部为考察中心（1938~1949）》。
③ 《民国时期民间组织的制度环境》，徐秀丽，俞可平等著《中国公民社会的制度环境》，北京大学出版社，2006。

地透过公权力排斥其他劳工自发性工会的筹组，以此取得对工会组织体系的垄断性控制。①

再次，对社会团体的人事和经费进行严格控制。各个非营利组织的理事长、总干事、理事和监事大多为国民党籍，尤其是负责实际运作的总干事职位。根据台湾学者研究统计，在1960年代各种工商业团体中95.3%的总干事为国民党籍，且其中有55.5%同时担任国民党党内职位，通过人事上"党社不分、党社合一"的安排，进一步强化了党政对非营利组织实际领导权的绝对控制。经费补助是国民党当局控制非营利组织的惯常手段，抗战之前通过的"人民团体经费补助办法"中就曾毫不讳言地指出："人民团体之组织系以民众自由意志为基础由民众自行发起，故其经费应以各该团体会员之会费或捐款充之为原则。……为推行训政、制止反动、建设民权政治之基础计，在此特殊情形之下，本党尚有予以经济上补助之必要。惟此项补助并非常例，不可未具严密之规定，补助费之决定除因特殊情形由党部秘密执行外，其补助费之决定应会同当地政府统筹办理。"迁台后此法为甚，大部分社会团体的主要经费来源都是官方部门的经费补助，其自主性筹款所占比例极小。根据当时台湾地区行政部门公布的数据，以"全国工业总会"及"全国商业总会"的经费来源为例，其中分别有88.3%和81.81%是来自于"行政院"的补助。②

总体来说，在威权统治时期，台湾当局对各类非营利组织在设立和活动范围上有严格限制，并通过各种手段渗透其中，独占社会的组织资源与利益表达通道。除了少数的慈善团体或宗教团体之外，大部分非营利组织都被置于国民党"党国体制"的管控之下，难以维持其自主性，当局与非营利组织之间是一种控制与依附的关系。

---

① 王振寰、方孝鼎：《国家机器，劳工政策与劳工运动》，《台湾社会研究季刊》1992年第12期。
② 徐正光、萧新煌：《台湾的国家与社会》，东大图书公司，1995。

6.1.2 政治转型时期：对立与抗衡关系（20世纪80年代至90年代中期）

20世纪70年代后期，台湾岛内外发生了一系列重大政治事件，如1978年中国大陆的改革开放、1979年的与美"断交"、1979年的"美丽岛事件"等，国民党统治的合法性遭受巨大挑战，威权统治受到严重冲击，被迫开始了一系列政治经济领域的改革。政治体制从"硬性威权"向"软性威权"转型，进而向多党竞争的现代民主体制转型，在此过程中政治力消退减弱，并相应放松了对社会力的控制。与此同时，民间社会一直在发展中积蓄力量，台湾逐步从一元农业社会向多元现代工商业社会过渡，各群体各阶层尤其是新兴的中产阶级，在经济发展带来衣食无忧的物质基础上，开始要求对政治权力和政治价值进行重新分配，要求社会改革。这期间各种社会运动风起云涌，许多社会运动型社团相继成立，呈现出一种以社会力对抗政治力、以民间社会对抗官方的态势。[①]

这一时期的社会运动，以劳工、妇女、少数民族等特殊身份群体为争取自身权益展开的抗争，以及消费者运动、反污染自力救济运动、环保运动为肇始，劳工和妇女群体要求改善劳动条件、争取提高工资收入；少数民族要求保留他们的世居领地、呼吁尊重其文化传统和生活方式；社区草根抗议严重的环境公害对居民身体健康造成的损害等等，初步形成了一些具有较强政治参与和社会参与意识的团体。在这些社会运动的影响和带动下，台湾民众的结社行为大为增加，1980～1990年参加社团的人数增加了2倍，达到2700多万人次，与之相适应的是台湾民众的政治参与度显著提高，多数民众对政治参与的自主性权利意识正在发展。民众逐步走出了狭隘的私人领域，改变了过去对公共生活的漠然态度，显示了参与公共生活的热情。伴随着社会运动的发展，各种肢体抗争与暴力对抗开始不断出现，严重影响社会秩序，迫使国民党调整政策，开始政治改革，并在1987年解除

---

① 杨渡：《民间的力量：台湾社会的现代启示录》，远流出版公司，1987。

"戒严"。"解严"进一步释放了社会力,触发了教师人权运动,残障及福利弱势团体、政治受刑人的人权运动,农民街头抗议行动等政治性更强的运动。① 上述社会运动深刻改变了台湾社会的样貌,非营利组织逐步摆脱公权力的控制,成长为一支独立的社会力量。根据台湾地区"内政部门"的数据统计,1980年全台湾社会团体仅有352个,而到2000年时已增加至3964个。② 这一时期对立和抗衡成为关键词,民间对抗官方、社会力对抗政治力,以社会运动团体为代表的非营利组织对抗国民党当局对于社会的全面支配和控制。

6.1.3 民主巩固时期:多元混合关系(20世纪90年代中期以后)

"解严"之后,特别是1992年"人民团体法"出台后,台湾非营利组织进入相对稳定、快速发展时期。数据显示,1988年台湾的社会团体共有822个,其中各类团体依序为学术文化团体227个、医疗卫生团体106个、宗教团体17个、体育团体72个、社会服务及慈善团体82个、国际团体103个、经济业务团169个、宗亲会29个、同乡会2个、同学校友会5个、其他10个。到1996年底,台湾的社会团体已成长到2275个,以上各类团体短短数年间多数呈倍数或数倍速度成长,依序为学术文化团体578个、医疗卫生团体221个、宗教团体171个、体育团体197个、社会服务及慈善团体426个、国际团体117个、经济业务团体496个、宗亲会33个、同乡会3个、同学校友会4个、其他29个。③ 随着威权体制的瓦解,非营利组织的关注点和使命也从强烈对抗的社会运动逐步转化为参与公共治理。据台湾学者研究,约在1993年,抗争和示威游行大量减少,从街头行动转变为专业游说,抗争的发动者由民众转到专家,发生了所谓"社会力的驯化现象"。台湾很多社会运动组织对于发动抗争运动的兴趣在下降,并开始试图摆脱强烈的抗议性格,回归到比较常态的民

---

① 王茹:《台湾的非营利组织与公民社会建构》,《台湾研究集刊》2004年第4期。
② 台湾地区"内政部"内政统计查询网:http://www.moi.gov.tw/stat/。
③ 台湾非政府组织国际交流协会网站:http://www.nafia.idv.tw/htm/indexc.htm。

间社会及社会服务的运作轨道上来，转型为正式的非营利组织。[1] 这一时期，官方和非营利组织的关系更多表现为合作关系，非营利组织通过政策倡导、游说、诉诸舆论、自力救济、涉入竞选活动、策略联盟等方式和形式参与公共政策。台湾当局也开始吸收一些非营利组织参与公共政策的规划与执行，在消费者保护、环保、医疗健康、社会福利等方面的公共政策的制定，都有非营利组织的影响。

2000年台湾地区领导人"大选"之后，民进党获胜上台执政，台湾地区实现第一次政党轮替，也带来了官方与非营利组织关系的重新调整。民进党自身就是在20世纪80年代的社会运动中成长壮大起来的，因此其上台执政后，注重发挥非营利组织参与公共决策功能，许多社会运动人士被吸纳，很多社会团体亦被纳入官方部门的决策机制，民进党还在官方部门中设立一些官方组织如"行政院妇女权益促进会"、"非核家园倡导委员会"等，邀请相关非营利组织参加。然而于此同时，非营利组织对官方提供资源，特别是财政支持上的依赖，弱化了非营利组织的价值倡议功能，成为当局达成其政策目标的"下游生产者"，当局和这些非营利组织更接近于依附关系。[2]

与之相反，在台湾当局力图吸纳、驯化民间社会力的同时，一些非营利组织则以高度的组织自觉，力图自主地展开行动。"社区总体营造"就是由官方所主导、一些非营利组织和社区居民共同参与建构所谓的"公民社会"和"国家认同"的社会工程；但在"9·21"大地震的救灾及灾后重建过程中，台湾的非营利组织则相对自立地提供了建构公民社会进行治理的一个范例。除此之外，民进党在执掌政权之后，其社会改革立场在一定程度上有所后退。在各种相互冲突的价值理念与利益集团面前，民进党往往选择与其前任国民党一样的政策立场，在环境保护与经济发展的冲突中以发展为第一位，在劳资冲突中则明显站在资方的立场。这使得许多社会团体对民进党产生失望

---

[1] 王茹：《台湾的非营利组织与公民社会建构》，《台湾研究集刊》2004年第4期。
[2] 王振轩：《非政府组织议题与发展》，鼎茂图书出版股份有限公司，2005。

与不满，开始寻求独立发展，例如，一些坚持台湾地区完全无核化等强硬立场的环保人士另行组织成立"绿党"，脱离了对民进党的政治依附关系。①

2008年台湾地区领导人"大选"之后，国民党重新上台执政，台湾地区实现第二次政党轮替。国民党的这次重新执政是一次强势回归，不仅在选举中以绝对优势获胜，而且在同时进行的"立委"选举中亦夺取了"立法院"三分之二以上的绝对多数席位，国民党对台湾地区的社会政治资源又重新获得了极大的控制支配权。在这种情况下，许多社会人士担心国民党会重建"党国体系"，一些学者和非营利组织联合起来成立"国会监督联盟"、"保卫台湾民主联盟"等组织，来制衡国民党一党独大的势头。而后来的事实证明，这些人的担心是多余的，国民党并没有在台湾地区重新建立起威权体制，官方与非营利组织的关系互动基本上仍然还是在民主法制框架下进行。

总体而言，在民主巩固与深化时期，台湾地区非官方组织与官方关系向民主常态方向发展，而非政府组织内部也出现了很大的分化，一些非营利组织因自身资源不足而对官方产生依赖，一些非营利组织通过契约等方式与官方进行合作，一些坚持价值理念的倡导型非营利组织则继续对官方进行批评和监督，还有一些非营利组织转化成为政治团体，台湾地区非政府组织与官方之间基本形成了一种多元混合的关系。

6.2 台湾当局对非营利组织支持现状

如前所述，台湾非营利组织当前已经进入稳定正常的发展时期，从"民间社会对立"到"第三部门分工"的过渡业已完成，形成了

---

① 何明修：《政治民主化与环境运动的制度化》，《台湾社会研究季刊》2003年第59期。

"小而美、穷而有志"[1]、数量众多、门类齐全的非营利组织群体,在社会福利、民间交往、公共政策等领域发挥重要作用,成为组织和动员台湾民众参与公共事务,倡导"自由、民主、平等、福利、人权、永续"[2] 社会发展理念的重要社会组成部分。在这期间非营利组织与第一部门互动频繁,官方既扮演非营利组织监管者的角色,同时也通过提供财政支持成为非营利组织的资助者,在公共政策的制定与实施、公共服务提供等方面,二者又是密切合作的伙伴关系。本节主要从官方角度出发,单向度介绍其对非营利组织施加诸多关系中,含有鼓励支持发展的部分。涉及税收、监管等部分,因本书已有专章介绍,在本节从略。

6.2.1 较为宽松的设立登记制度

台湾非营利组织设立采取双轨制,即由目的事业主管机关核定设立许可,再由法院负责法人登记。一般来说,一个非营利组织的设立包括三个步骤:(1) 捐款人或发起人必须向适当的主管机关去申请设立许可;(2) 财团法人需设立一个专款账户;(3) 向地方法院办理法人登记。

向主管机关申请设立许可,应依其设立许可及监督要点,出具相关文件、捐助(组织)章程和申请书等提出申请。主管机关受理后,可组成审查会审查,或依内部作业程序呈核通过后,发给许可函,并在申请书及附件上加盖印信,发还申请人并留存备查。如未通过,说明情形通知申请人限期补正,或驳回。一旦获得主管机关许可后,该组织即已具有合法立案的地位,但需完成法院设立登记手续后,才能获得法人地位。只有具有法人地位的非营利组织,才能到税务局申请该组织的统一编号,以便获得免税及减税待遇[3]。

---

[1] 萧新煌:《非营利部门在台湾的发展特色》,载萧新煌、官有垣、陆婉萍《非营利部门:组织与运作》,巨流图书公司,2009。

[2] 萧新煌:《非营利部门在台湾的发展特色》,载萧新煌、官有垣、陆婉萍《非营利部门:组织与运作》,巨流图书公司,2009。

[3] 冯燕:《非营利组织的法律规范与构架》,载萧新煌、官有垣、陆婉萍《非营利部门:组织与运作》,巨流图书公司,2009。

台湾非营利组织按照法人类型可分为社团法人和财团法人2种，前者申请设立机关按照"人民团体法"的规定，"在'中央'为'内政部'，在省（市）为省（市）社会司（局），在县（市）为县（市）政府"。后者申请设立机关根据其目的事业和活动范围不同，分属于"行政院"各部、省（市）级政府的各相关机构或县（市）政府，每一目的事业主管机关都制定了相应的设立许可和监督要点，目前共有22个"中央行政机关"就财团法人的管理监督颁布了行政法规。

台湾当局对非营利组织设立登记管理较为宽松，主要有三个方面。（1）台湾的非营利组织的设立无须前置审批。如前所述，台湾非营利组织按照类型分别对应不同的设立机关，发起设立时直接向对应机关申请，无须目的事业单位的前置审批，减少了设立的环节。因台湾非营利组织的法人登记只是程序要求，主要依据是设立机关核准情况，所以可以说目前台湾非营利组织实行的是"直接登记"制度。（2）台湾非营利组织的设立机关较为明确。因对目的事业的主管机关划分较为详细，且有较为完善的行政法规加以保障，在设立一个具体的非营利组织时基本不会出现找不到目的事业单位的情况，此外相关"法律"法规对设立机关申请答复时限等也有明确规定，保证了非营利组织能够较为顺畅地获得设立许可。（3）台湾非营利组织的设立条件较低。除了政治团体外，"人民团体法"中没有对申请设立社团法人有注册资金、办公用房等财产性的要求。此外，相对应大陆现行的"一业一会"设立限制，"人民团体法"规定了"人民团体在同一组织区域内，除'法律'另有限制外，得组织二个以上同级同类之团体"的条款。登记政策上的相对宽松，直接体现了台湾当局对非营利组织鼓励发展的基本态度，这点也从目前台湾非营利组织数量上可以得到印证。台湾"内政部"数据显示，截至2014年底，台湾各级人民团体（不含政治团体）数量55302个，近十年一直保持5%左右较为稳定的增长速度；同年台湾人口23433753，仅以人民团体一个类型计算每万人拥有非营利组织数就已经达到23.6个。

6.2.2 台湾当局对非营利组织的税收优惠政策

与其他地区一样,税收优惠政策是台湾当局对非营利组织支持的重要组成部分。因本书设有专章讨论台湾非营利组织的税收制度,此处仅对台湾"税法"中对非营利组织税收减免的具体规定作简要介绍。

台湾"税法"对于非营利组织的税收优惠主要有:(1)符合"行政院"规定标准者,其本身及其附属作业组织的所得免营所税,但不包括其销售货物或劳务的所得;(2)唯销售货物或劳务以外的收入不足的与其创设目的有关活动的支出时,得将该不足的部分自销售货物与劳务所得扣除后,其余销售货物与劳务所得再依法缴纳所得税;(3)经认可的文化艺术事业,得免征营业税或减免娱乐税,但对于合于"民法总则"公益社团或财团的组织,或依其他关系法令经向主管机关登记或立案者,所举办的各种娱乐,其全部收入作为本事业之用者,娱乐税全免;(4)遗产中被继承人自己创作的著作权、发明专利及艺术品免计入遗产总额,其他有关文化、历史、美术的图书、物品,继承人向主管征收机关声明登记者,暂缓计入遗产总额课征遗产税,至转移时再补税;(5)遗产或捐赠财产不列入遗赠或捐赠总额课税。此外,个人或企业赞助者方面,台湾"税法"规定对于非营利组织捐赠支出,可于申报综合所得税时为列举扣除额的一部分;企业对非营利组织的捐赠支出可作为捐赠费用[①]。详细情况参见表6-1。

表6-1 台湾非营利组织税收优惠汇总表

税目		课税标的(主、课体)	教育、文化、公益、慈善机关或团体免税规定
所得税	综合所得税	个人之台湾之内来源所得(属地)	N/A(捐赠个人的作为列举扣除)
	营利事业所得税	营利事业所得(属人及属地)	教育、文化、公益、慈善机关或团体,符合"行政院"规定标准者,其本身及其附属作业组织之所得免税。(捐赠组织亦得作为扣除)

---

① 许崇源:《我国非营利组织之租税》,萧新煌、官有垣、陆婉萍:《非营利部门:组织与运作》,巨流图书股份有限公司,2009。

续表

税目		课税标的（主、课体）	教育、文化、公益、慈善机关或团体免税规定
营业税		销售货物或劳务及其进口货物	医疗;育养;教育文化劳务;教科书及学术专门著作;职校不对外营业的实习商店、合作社,农、渔、工、商业及工业会售与会员货物或劳务及代办官方委托业务;依法组织之慈善救济事业义卖、义演之全部收入（扣除必要费用）全部供本事业之用者;官方、公营事业及社会团体不对外营业之员工福利社之销售及研究劳务等免税。有关文化事业免征营业税及娱乐税减半规定,请见"文化艺术事业减免营业税及娱乐税办法"
娱乐税		娱乐场所、设施、活动所收票价	凡合乎下列规定之一者,免征娱乐税:教育、文化、公益、慈善机关、团体,合于"民法总则"公益社团或财团之组织,或依其他关系法令经向主管机关登记或立案者,所举办之各种娱乐,其全部收入作为本事业之用者。以全部收入,减除必要开支（最高不得超过全部收入之百分之二十）外,作为救灾或劳军用之各种娱乐。机关、团体、公私事业或学校及其他组织,对内举办之临时性文康活动,不以任何方式收取费用者。有关文化艺术事业单位免征营业税及娱乐税减半规定,详见"文化艺术事业减免营业税及娱乐税办法"
遗产与赠与税	遗产税	个人总遗产（属人及属地）	N/A（捐赠死亡前已成立之教育、文化、公益、慈善财团法人不计入遗产总额）
	赠与税	个人总赠与（属人及属地）	N/A（捐赠教育、文化、公益、慈善财团法人不计入赠予总额）
土地税	地价税	规定地价土地非供农业用	财团法人或财团法人所兴办业经立案之私立学校用地,为学生实习农、林、渔、工、矿等所用之生产用地及员工宿舍用地,经登记为财团法人所有者,全免。但私立补习班或函授学校用地,均不予减免。经主管教育行政机关核准于私立社会教育机构设立及奖励办法规定设立之私立图书馆、博物馆、科学馆、艺术馆及合于学术研究机构设立办法规定设立之学术研究机构,其直接用地,全免。但以已办妥财团法人登记,或系办妥登记之财团法人所兴办,且其用地为该财团法人所有者为限

续表

税目		课税标的（主、课体）	教育、文化、公益、慈善机关或团体免税规定
土地税	地价税	规定地价土地非供农业用	经事业主管机关核准设立之私立医院、捐血机构、社会救济慈善及其他为促进公众利益，不以盈利为目的，且不以同业、同乡、同学、宗亲成员或其他特定之人为主要受益对象之事业，其本身事业用地，全免。但为促进公众利益之事业，经由当地主管稽查机关报经"直辖市"主管机关、县（市）政府核准免征者外，其余应以办妥财团法人登记，或系办妥登记之财团法人所兴办，且其用地为该财团法人所有者为限。 有益于社会风俗教化之宗教团体，经办托财团法人或寺庙登记，其专供公开传教士布道之教堂，经"内政部"核准设立之宗教教义研究机构、寺庙用地及纪念先贤先烈之馆堂祠庙用地，全免。但用以收益之祀田或放租之基地，其土地系以私人名义所有权登记者不适用之
	土地增值税	移转土地	私人捐地供兴办社会福利事业或私立学校（受赠人为财团法人，其剩余财产权归地方当局且捐赠人未取得任何利益者）免税
房屋税		房屋建筑物	私立学校研究机构之校舍办公室；慈善救济事业用屋；宗祠、教堂、寺庙；公益社团办公用屋，及经文教主管部门机关核准设立之私立图书馆、博物馆、艺术馆、美术馆、民俗文物馆、实验剧场等场所免税。但以办妥财团法人登记或系办妥登记之财团法人兴办，且其用地及建筑物为该财团法人所有者为限。农会储存公粮仓库免税，自用仓库及检验场减半
契税		不动产之买卖、承典、交换、赠予、分割，或因占有而取得所有权者（已纳土地增值税之土地除外），由取得者缴纳（够用公定契纸）	各级官方机关、地方自治团体、公立学校因公使用而取得之不动产免征契税

续表

税目	课税标的（主、课体）	教育、文化、公益、慈善机关或团体免税规定
关税	进口货物之收货人、提货单或货物持有人	下列各款进口货物，免税：办理救济事业之官方机构、公益、慈善团体进口货受赠之救济物资。公私立各级学校、教育或研究机关，依其设立性质，进口用于教育、研究或实验之必需品与参加国际比赛之体育管体训练及比赛用之必需体育器材，但以成品为限。进口广告及货样，无商业价值或其价值在限额以下等货物免关税；应征关税之货样、科学研究用品、试验用品、展览物品、游艺团体服装、道具、摄制电影电视之摄影制片器材、安装修理器必需之仪器、工具、盛装货物用之容器，进口整修、保养之成品及其他经"财政部"核定之物品，在进口之翌日起六个月内或于"财政部"核定之日期前，原货复运出口者，免征关税
使用牌照税	机动车辆	专供卫生使用及教育、文化之宣传巡回使用之交通工具有固定特殊设备及特殊标志者免税
印花税	银钱收据、买卖动产契据、承揽契据、典卖、让受及分割不动产契据	私校处理办公所发之凭证；领受赈金、恤金、养老金之收据；财团或社团法人组织之教育文化公益慈善机关团体领受捐赠之收据；农田水利会收取水利会收据
货物税	应税货物出厂或进口（外销展览捐赠劳军免税）	参加展览，并不出售或捐赠劳军之货物，免征货物税
烟酒税	在国内产制或进口烟酒（展览，于展览完毕原件复运回厂或出口者免征税）	参加展览，于展览完毕原件复运回厂或出口者，免征烟酒税
证券交易税	出售有价证券	无免税规定
期货交易税	买卖股价指数、股价指数期货选择权或股价选择权	无免税规定

资料来源：许崇源：《台湾非营利组织之租税》，萧新煌、官有垣、陆婉萍：《非营利部门：组织与运作》，巨流图书股份有限公司，2009。

6.2.3 台湾当局对非营利组织的资金支持

台湾当局对非营利组织的资金支持大体可以分为三种类型：一是拨款补助。台湾当局相关部门每年都会编列出一定的预算经费，相关领域的非营利组织可以依照条件进行申请，符合申请资格的非营利组织提交申请并通过审查后便可以取得补助款。例如，台湾地区"行政院"青年辅导委员会制定有"'行政院'青年辅导委员会促进青年参与第三部门发展补助作业要点"，按此规定相关非营利组织每一补助案最高补助金额可达到三十万元新台币，每个非营利组织一年最多可以获取5次补助①。二是资金奖励。与大陆社会组织登记管理机关和业务主管单位对表现优异的相关社会组织采取"以奖代补"的方式类似，台湾社会组织主管机关和目的事业单位也会给予相关非营利组织直接奖励，并有明确制度加以保障。"人民团体奖励办法"规定，（第3条）经主管机关核准立案满一年成绩优良之人民团体，（第5条）因以下事项："一、工作绩效考核经主管机关评定成绩优良者。二、办理社会公益事业，增进社会福祉，具有贡献者。三、办理政府指定或委办之事务，成绩优良者。四、从事研究发展，按团体设立之宗旨，具有卓越具体成效者。五、促进国际联系与合作，具有特殊贡献者。六、其他有关促进全民团结和谐、增进社会祥和进步，具有特殊贡献者"，（第4条）可由主管机关（涉及目的事业者，得会同目的事业主管机关）给予奖励。（第6条）奖励方式包括："一、书面嘉奖。二、颁发奖状。三、颁发奖牌。四、颁发奖金。"（第10条）人民团体奖励所需经费，由各级主管机关按年编列预算支应。三是契约外包。也可以称作官方业务委外，是指将本来属于官方提供的公共服务事项，因为资金、人力资源、实施效果等方面的考虑，转而由官方部门提供硬件等相关设施以及业务经费，由非政府组织来办理相关业务。例如，台湾各县市政府从20世纪80年代开始，陆续开

---

① 台湾"行政院"青年辅导委员会，"行政院"青年辅导委员会促进青年参与第三部门发展补助作业要点，2005年3月7日修正。

展的社会福利服务的公设民营委托。通过契约外包等方式与官方部门进行合作，是非营利组织获取官方资源的最主要途径之一。

总体来说，官方资助在台湾非营利组织的收入中占比并不高。官有垣、杜成嵘 2005 年开展了相关调查，对象为台湾本岛的各县市登记立案的社会团体、台北市与高雄市的社会团体，以及"内政部"辖下分布于各县市的全台性社会团体。受访的 366 家组织有将近八成八（87.7%）表示其收入的主要来源为会员缴交的"会费收入"，其次是"捐款收入"（67.5%），而官方资助（37.4%）列居第三，会务活动收入（30.9%）则居第四。其余的收入来源包括利息租赁收入（16.1%）、企业赞助（15.3%）、其他民间团体赞助（10.7%）、及其他（9.6%）等。此结果显示台湾非营利组织高度依赖会费（社团类）与捐款为组织运作的主要经费来源，但也逐渐重视官方资助的经费以及会务活动收入。详细情况参见表 6-2。

表 6-2 台湾相关非营利组织经费来源统计

经费来源	团体数	经费来源	团体数
会费	321(87.7%)	利息、租赁收入	59(16.1%)
捐款收入	247(67.5%)	企业赞助	56(15.3%)
官方资助	137(37.4%)	其他民间团体的赞助	39(10.7%)
会务活动收入	113(30.9%)	其他	35(9.6%)

资料来源：官有垣、杜承嵘：《台湾民间社会团体的组织特质、自主性、创导与影响力之研究》，《行政暨政策学报》2009 年第 49 期。

尽管台湾当局对非营利组织的直接资助较少，但通过设立专门的"法律"条款来确保非营利组织的收入来源，这对非营利组织而言是一个巨大的保障。以商会与行业协会为例，具有以"法律"形式保障的收入来源有以下几类：一是入会费会员入会时一次缴纳，其数额于章程中规定。二是常年会费依会员资本额并参照其营业额，划分等级、级数计算标准及会费缴纳办法，在各章程中规定，遇有购置会所、增加设备或举办展览等工作时，得经主管机关核准，由会员按其等级或其他方式酌增缴纳。三是事业费得由会员大会决议筹集后方可收取。四是委托收益。五是基金的孳息[1]。

6.2.4 台湾当局对非营利组织的人力支持

人力资源匮乏、人力成本较高是限制非营利组织发展的重要方面。与此同时,近年来台湾就业压力加剧,特别是扩大身心障碍者、低教育人群、少数民族等弱势群体就业成为台湾当局着力推动解决的问题。以喜憨儿为代表的非营利组织在吸纳弱势群体就业方面显现出了独特优势,为官方推动解决上述两个问题找到了最佳结合点,即制定相关政策支持和鼓励非营利组织吸纳弱势群体就业,借此缓解弱势群体就业压力,同时为非营利组织提供人力资源上的支持。

自 2001 年开始,台"立法院"、"劳委会职训局"等部门相继出台"身心障碍者保护法"、"身心障碍者庇护工场设立及奖助办法"、永续就业希望工程、多元就业开发方案和培力就业计划等"法律法规"及专项政策,对推动弱势群体就业和支持非营利组织发展起到良好效果。

例如,"劳委会职训局"制定颁布的"身心障碍者庇护工场设立及奖助办法"规定,非营利组织可以就其庇护职场的专业辅导人员的聘用,即就业服务员,向官方申请人事费的补助;另外,非营利组织可申请使用身心障碍就业基金专户的资金来聘雇人员。这两类补助措施可以有效降低部分非营利组织的人力资源成本[2]。

再比如,多元就业开发方案的政策目标是以工代赈,促进中高龄及弱势人群的就业,并通过与非营利组织的合作促进公私就业伙伴关系。培力就业计划作为其延续,明确导入社会企业精神帮助社会弱势就业,根据"劳委会"委托研究的成效评估报告显示,多元就业开

---

[1] 杨兰:《香港、台湾、新加坡之非政府组织与政府关系的比较研究》,复旦大学硕士毕业论文,2008 年 5 月。

[2] 官有垣:《社会企业组织在台湾的发展》,《中国非营利评论》2007 年第 1 期,社会科学文献出版社,2007。

发方案在 2004 年补助就业的人数共 3619 人，金额新台币 11 亿 203 万元①。其成效可归纳为以下三点。第一，大多数非营利组织透过多元开发方案提供短期人力（最多三年）的支持，使过去受限于人力而无法推展的业务得以推展，且由于有三年的机会，让组织有机会培养长期人力资源。第二，对许多经济型计划的非营利组织来说，多元就业开发方案提供事业经营前置准备的人力，为事业发展奠定基础。第三，由于有多元就业开发方案提供的人力资源及咨询辅导，以及对机构考核要求，因此协助原本组织较为薄弱的非营利组织健全机构组织，提升经营能力，部分非营利组织因此建立工作流程、工作督导及财务管理制度②。

6.2.5　台湾当局对非营利组织产品和服务销售组织的支持

台湾非营利组织中有相当数量的组织是通过制销产品或提供服务来维持发展需要的，对这部分非营利组织，台湾当局通过"立法"和制定相关优惠政策，甚至通过官方部门负责人的名人效应来帮助其获得免于竞争的销售特权、畅通销售渠道或扩大销量。

台湾"政府采购法"第 22 条第 1 项第 12 款中明确各机关向身心障碍者、少数民族或受刑人个人、身心障碍福利机构、官方立案的少数民族团体、监狱工场、慈善机构购买所提供的非营利产品或劳务时，以及第 13 款委托在专业领域具领先地位的自然人或经公告审查优胜的学术或非营利机构进行科技、技术引进、行政或学术研究发展时，可以不采用公告招标的方式，而直接采用比价或议价的限制性招标方式，使这些组织不必与一般厂商竞争③。

台湾"权益保障法"第 69 条规定，"（第 1 项）身心障碍福利机构或团体、庇护工场，所生产的物品及其提供的服务，于合理价格及

---

① "劳委会"委托研究计划报告，2006，13。
② 官有垣：《社会企业组织在台湾的发展》，《中国非营利评论》2007 年第 1 期，社会科学文献出版社，2007。
③ 江明修：《政府采购法与非营利组织》，中国第三部门研究主题论文。

一定金额以下者,各级机关、公立学校、公营事业机构及接受官方补助的机构、团体、私立学校应优先采购。(第 2 项)各级主管机关应定期公告或发函各义务采购单位,告知前项物品及服务,各义务采购单位应依相关法令规定,采购该物品及服务至一定比率。(第 3 项)前二项物品及服务项目、比率、一定金额、合理价格、优先采购的方式及其他应遵行事项的办法,由中央主管机关定之"。

台湾"内政部"2006 年颁布的"优先采购身心障碍福利机构或团体生产物品及服务办法",以法令要求公部门的业务产品采购单位有义务在年度预算当中至少用 5% 或一定金额的预算来采购身心障碍非营利组织的产品。各公部门的采购人员必须要有一份台湾从事物品与服务生产的身心障碍团体清单,这些采购单位若今年有预算,且是相关产品,它们就有义务向相关非营利组织采购[1]。

在台湾,有名气的政治人物往往喜欢与公益慈善活动有所联结,行政部门负责人在开会时或特定的节日,指定购买非营利组织的餐饮产品与服务。马英九在任台北市市长期间,其办公室会定期向喜憨儿基金会设在台北市政府的 Enjoy 餐厅购买餐饮点心等产品,在例行的情况下,每星期五的下午,市长办公室与新闻媒体作简报时,餐厅的服务生(憨儿)就会推餐车上去提供服务。在一些特殊的节庆时,马市长还会亲临餐厅,当天餐厅的营业额就会比平常平白冲高许多倍。除了获得台北市政府的协助,喜憨儿餐厅也连续几年获得当局其他"部会"的青睐,在中秋、圣诞等节日向其订购喜憨儿西点礼盒[2]。

6.2.6 台湾当局对非营利组织承租土地和场地的支持

台湾当局为鼓励非营利组织接纳身心障碍者等弱势群体的就业与庇护职场的复健与训练,对于非营利组织租用公有土地或建物房舍作

---

[1] 官有垣:《社会企业组织在台湾的发展》,《中国非营利评论》2007 年第 1 期,社会科学文献出版社,2007。

[2] 官有垣:《社会企业组织在台湾的发展》,《中国非营利评论》2007 年第 1 期,社会科学文献出版社,2007。

为营业的场所，往往给予特许的政策优惠，即限定承租组织资格，只有非营利性质的身心障碍康复机构才能申请承租使用，而把营利组织或其他类别的团体排除在外，此外在租金方面官方也有减免等配套的优惠措施。

例如位于台北市繁华地段的阳光基金会所设的汽车美容中心，其土地即是向台北市政府承租的，五年一租。此外，阳光所设立的加油站的土地也是向市政府承租的。再如，喜憨儿基金会设于台北市政府大楼里的 Enjoy 餐厅是市政府提供的场地，规定只可以给身心障碍者经营，此外还给予租金上的优惠（公告地价的六成），喜憨儿基金会每个月约付新台币三万五千元租金，和同等条件的场地租金比起来便宜很多。而且因为市政府每天有五六千人在此上班，客源也相对稳定。现在由官方部门提供部分办公空间给身心障碍团体经营餐饮与物品贩卖，这种风气在台湾已逐渐普遍①。此次调研中，笔者在花莲访问的门诺基金会，其从事重症身心障碍者照料的身障中心的运营场地由县政府免费提供，基金会只承担水电费、物业费等支出。

6.3 台湾当局对非营利组织支持的特点

6.3.1 "法律"政策体系较为完备

通过建立完备的"法律"政策体系来实现对非营利组织发展的规制是台湾当局对非营利组织支持体系的重要特点和坚实基础。目前台湾已经形成了包括"民法"、"人民团体法"、"特别法"以及宗教法规等在内的比较完备的非营利组织"法律"体系。其中"民法"是台湾规范非营利组织的法源，提出了"社团法人"和"财团法人"概念及区分。专门法规齐全，如"人民团体法"规定了设立人民团体的必要过程，台湾地区"内政部门"另制定了"督导各级

---

① 官有垣：《社会企业组织在台湾的发展》，《中国非营利评论》2007年第1期，社会科学文献出版社，2007。

人民团体实施办法"等行政法规；关于财团法人，除了"民法"规范外，有关各个部门也出台行政法规，称之为"各部会之财团法人监督准则"。重视对非营利组织税收优惠规定，如前所述与非营利组织有关的租税减免法规共有十多种。有关配套法规比较健全。如1997年颁布的"社工师法"、2001年出台的"志愿服务法"、2006年出台的"公益劝募条例"以及"公益劝募许可办法"等，规范了社工、志愿服务和募款活动行为①。除"立法"外，相关促进政策和专项措施也较为完备，以促进社会企业发展为例，官有垣在2005年的一项研究对相关政策进行了梳理。详细情况参见表6-3。

表6-3 台湾的有关部门订定与社会企业发展有关的政策措施

制订（修订）年度	政策措施制订的机构	政策措施
1990年迄今	"文建会"、"农委会"、"卫生署"、"内政部"、"经济部"	社区营造政策相关措施
2001年	"立法院"	"身心障碍者保护法"
2001年	"劳委会职训局"	永续就业希望工程
2002年	"劳委会职训局"	多元就业开发方案
2002年	"劳委会职训局"	"身心障碍者庇护工场设立及奖助办法"
2002年	"内政部"	失能老人及身心障碍者补助使用居家服务补助计划
2003年	"劳委会职训局"	少数民族劳动合作社营运辅导计划
2006年	"内政部"	"优先采购身心障碍福利机构或团体生产物品及服务办法"

表格来源：官有垣：《社会企业组织在台湾的发展》，《中国非营利评论》2007年第1期，社会科学文献出版社，2007。

6.3.2 支持方式以政策诱导为主

此次赴台调研的过程中，笔者有一个突出的感觉，众多受访非营

---

① 郑振宇：《借鉴台湾经验发展非营利组织——基于福建视角》，《社团管理研究》2011年第7期。

利组织对我们提出的"官方给予过你们什么支持"这类问题，经常会感到很难回答，最常见的答案往往是，没什么支持，这是我们自己的事。这样的回答很好地印证了以公私协力为典型特征的新公共性正成为台湾社会各方面的共同价值追求。与行政部门主导的旧公共性相比，新公共性表现在非营利组织、一般企业及行政部门的多元参与及平等合作上。台湾行政各部门虽然在促进社会企业发展上发挥了很大的作用，但并非命令式的而是政策诱导的。这种多元参与的社会变革提高了整个社会的活力，能够有效减缓现代社会经常面临的原子化及社会疏离的问题[①]。

6.4　台湾当局与非营利组织关系变化原因浅析[②]

6.4.1　政治体制转型是最直接因素

考察台湾非政府组织与官方的关系，必须研究台湾历史，尤其是台湾当局在不同时期的施政纲领。梳理台湾历史，笔者发现，台湾的非政府组织与当局的关系总是受到特定政治环境的影响，从最初戒严状态下非政府组织被完全控制，到争取自主性慢慢变革，台湾非政府组织经历了漫长的成长过程。由此看来，台湾非政府组织与当局关系变化的最直接原因就是政治因素，当局各个时期的政治决策、施政纲领直接决定了非政府组织在台湾的地位和影响力。

国民党一党专政时期，虽然号称实施"三民主义"，但从本质上看，"党国政治"及"资本主义"大行其道。那段时期，台湾经济发展成就显著，被冠以"台湾的奇迹"及"亚洲四小龙"之一的美誉，然而，台湾政治上却有"白色恐怖"和"威权统治"的特征。"权威体制"对政治与经济权享有绝对控制，因此，这个时期并不允许民

---

① 郑南、庄家怡：《社会组织发展的新形态——台湾社会企业的发展与启示》，《学术研究》2015 年第 9 期。
② 该部分参考了复旦大学杨兰的硕士毕业论文《中国香港、中国台湾、新加坡之非政府组织与政府关系的比较研究》，2008 年 5 月。

间团体发展,防止它们削弱官方的公权力,即使是社会福利事业也被"党政化"。

20世纪80年代,面对自由化及民主化潮流,台湾政治步入转型期,台湾民间团体发展同样面临转型。1986年,民进党宣布成立,第二年国民党宣布"解严",台湾进入民主时期,从那时起,台湾的民间团体有了合法社会地位,并且在台湾社会进步、发展和民主深化的过程中发挥越来越重要的影响力。

6.4.2 社会需要是关键因素

自1949年国民党退踞台湾之日起,台湾在很长一段时间都处于戒严状态,当局与民众之间信息沟通极为不畅。然而,随着经济发展,那些被排斥在正式政治程序之外的人民表达言论、参与政治的需求日益旺盛,那时,台湾社会迫切需要在民众和官方之间架起沟通的桥梁。非政府组织,就成为民众行使话语权和政治参与的一个重要渠道。

近年来获得蓬勃发展的女性非政府组织就是一个典型案例。这些非政府组织强烈要求改善和保障女性的地位与权利,保护弱势群体利益,例如,保障她们的财产所有权、继承权、就业权,反对性骚扰和家庭暴力等。台湾妇女新知基金会就是这样的非政府组织,它们以关心妇女团体、表达妇女意见、争取妇女权益、支援不幸妇女、唤起女性的自觉以及鼓励女性追求自我成长的生活为目标,以达成两性平等、公正互敬与和谐的社会为宗旨。成立以来,这个组织多次发起街头请愿活动,1984年就曾发动7个妇女团体、154名妇女联合签署一份对堕胎合法化的意见书,呈"立法院",促成了"优生保健法"完成立法。

随着经济发展,社会对非政府组织的需求日益凸显。经济社会的发展促使社会公共事务日趋复杂,官方没有能力承担所有的社会职能,在这种情况下,社会需要非政府组织承接官方转移的部分职能,参与社会公共事务管理,尤其是在灾难救护、教育、医疗卫生等领域。台湾慈济功德会就是在这样的背景下产生的。它主要从事慈善工作和救死扶伤，承担了部分原本属于官方管辖领域的社会职能。慈济功德会拥有 400 万成员（其中 90% 是妇女），每年通过自愿捐款可募集到 115 亿美元的资金。这些钱被用于支持一家拥有 800 张床位、140 名专职医生、500 名护士和 900 名工作人员的医院，一所护士学校、一所医药学校和一家出版社。慈济功德会在台湾和岛外的灾难救护、教育、社会咨询和自我帮助等活动中都起到了重要作用，并且在一定程度上帮助恢复台湾当局的信誉，挽救了人民对当局的信心。

6.4.3 经济发展是重要原因

历史表明，非政府组织在台湾的发展与台湾当局的政治态度改变密不可分，尤其在 1987 年以前，非政府组织的发展完全受限于当局。然而，仔细研究台湾在不同经济时期非政府组织的发展状况，笔者发现，台湾经济发展与变革，与非政府组织发展的关系更为密切。

1949 年以来，台湾经济发展大致经历了四个时期：经济恢复时期（1949~1952 年），以农养工发展时期（1952~1960 年），出口导向经济发展时期（1960~1986 年），经济转型时期（1986 年至今）。1986 年，台湾当局提出实行自由化、国际化、制度化的经济转型，进一步健全和完善市场经济机制，并以产业升级和拓展美国以外的外贸市场作为重大调整内容。这就意味着台湾必须走全球化的道路，在别的国家或地区寻找资源和市场，才能实现经济的突破性发展。而全球化，带给台湾的影响不仅仅是经济体制变革，也是价值、观念、文化、民主思想等的交流和融合。在这种环境和背景下，一方面，越来越多的国际非政府组织来到台湾，在环保、医疗、救济等方面帮助台湾市民，无形中促进了台湾当地非政府组织的发展；另一方面，在与西方的思想交流和碰撞中，台湾民众的民主意识觉醒，市民社会在台湾进一步发展，非政府组织要求被赋予愈来愈多的权力，非政府组织的社会影响力随之提升。由此，台湾非政府组织的发展进入了新的历史时期，台湾当局与非政府组织之间的关系，也由原先的官方主导模式向合作共赢方向发展。

进入21世纪,全球化进程日益加快,台湾实行政党轮替、民主选举的政治制度。在这种社会背景和政治环境下,台湾的非政府组织将会如何发展,台湾当局与非政府组织间的关系会朝着哪个方向发展等,都还有待进一步观察和研究。

参考文献

[1] 萧新煌、官有垣、陆婉萍:《非营利部门:组织与运作》,巨流图书公司,2009。

[2] 王振轩:《非政府组织议题与发展》,鼎茂图书出版股份有限公司,2005。

[3] 徐正光、萧新煌:《台湾的国家与社会》,东大图书公司,1995。

[4] 杨渡:《民间的力量:台湾社会的现代启示录》,远流出版公司,1987。

第七章 台湾的义工与社工

刘国翰[*]

【本章摘要】 义工和社工是台湾非营利组织重要的人力资源。本章介绍了台湾义工与社工的发展历史,分析了台湾义工与社工的发展现状、特点及管理体制。

义工也称为志愿者或者简称志工,是指提供志愿服务或者从事志愿活动的人。台湾在 2001 年 1 月 20 日出台的"志愿服务法"中规定:志愿服务是指民众出于自由意志,非基于个人义务或"法律"责任,秉持以知识、体能、劳力、经验、技术、时间等贡献社会,不以获取报酬为目的,以提高公共事务效能及增进社会公益所为之各项辅助性服务。开展志愿活动,为社会提供志愿服务是现代社会中公民直接参与社会建设、承担公民责任、培养公民精神的重要途径。在台湾,提供公共服务的机构如博物馆、医院、科技馆、旅游景点以及从事敬老、助残、救灾以及社区营造的非营利组织中活跃着大量义工。2012 年 12 月底,在台湾的文化、教育、环保、医疗、卫生、财政、经济、农业、体育、科学、"国防"、消防、警政、社会福利等部门登记注册的志愿服务团队有 20468 个,义工人数达到 89.88 万人。2012 年,台湾的义工服务人次达到 2.98 亿人次,义工累计服务时间

---

[*] 刘国翰,浙江理工大学法政学院公共管理系副教授,系主任。

达到 8779.59 万小时。①

社工是一个专门从事助人自助活动的职业群体，社工的加入有利于非营利组织向专业化、职业化的方向发展。根据美国社会工作者协会的定义，社会工作是一种专业活动，用以协助个人、群体、社区去强化或恢复能力，以发挥其社会功能，并创造有助于达成其目标的社会条件。台湾的"社工日"是每年的 4 月 2 日。截至 2015 年底，台湾共有社工 1 万多人，官方部门、公立机构和民间非营利组织都聘用社工。②

7.1 义工与社工的发展历史

7.1.1 台湾义工的发展历史

一个社会的志愿精神总是深深植根于传统之中。按照义工的发展程度和特点，台湾义工的发展可以分为民间行善时期、萌芽时期、成长时期和激励时期。

民间行善时期。完善的政府和国家出现之前，宗教组织、民间组织以及地方宗族力量是开展慈善活动的主要力量。连横在《台湾通史》中认为，"台人重宗法，敬祖先，故族大者必立家庙，岁时伏腊，聚饮联欢，公置义田，以供祭祀，又为育才婚嫁恤孤振乏之资"。③ 另外，还有两广会馆、浙江会馆，用来资助穷困潦倒、流落街头的同乡。

萌芽时期。20 世纪 50 年代，台湾当局出于降低行政成本、结合发挥本土力量的考虑，在基层行政管理过程中引入了志愿服务人员。例如，20 世纪 50 年代台湾开始建立农业技术推广体系，其中就设立了"义务指导员"制度。1963 年，台湾陆续设立了"义勇消防队"、"义勇警察队"、"义勇交通队"等组织，成为受雇于官方部门的志愿力

---

① 根据台湾省"内政部"网站发布的《志愿服务概况》。
② 中华社会工作网，http://www.chinasocialwork.cn/content/4571，2016-04-05。
③ 连横:《台湾通史》（下册），商务印书馆，2010，第 428 页。

量。另外，20世纪70年代，台湾的地方法院系统也开始雇用"荣誉观护人"，协助法院开展问题青少年的监管工作。这个时期的志愿活动的特点是绝大多数志愿队伍是由官方部门成立，志愿组织服务于特定的官方部门，对于志愿者而言，"义务"的色彩更重，"志愿"的精神体现不够。这个时期可以称为台湾志愿服务发展的萌芽时期。

成长时期。20世纪80年代是台湾志愿服务的成长时期。由于这个时期台湾市场经济高速发展，民间力量增加，自发的志愿活动成为公民社会生活的重要组成部分。这个时期，官方部门也意识到需要对志愿活动进行适当的规范，官方部门可以通过与民间志愿组织开展合作获得双赢的结果。从1982年开始，台湾省政府接连制定了"台湾省推行志愿服务实施原则"、"台湾省加强推行志愿服务实施方案"和"台湾省加强推行志愿服务方案"等文件，旨在通过官方部门的倡导、规范和引导措施，激发民间开展志愿活动的积极性。1989年，台湾"内政部"还制定了"志愿服务记录证登录暨使用要点"，对民间的志愿活动进行详细的登录，并把这些记录作为官方表彰民间志愿活动的依据。

激励时期。20世纪90年代之后，台湾岛内的社会进一步开放，民间的力量进一步释放出来，官方对志愿活动采取积极鼓励和倡导的态度。多个不同的官方部门从自身领域发展的角度出发，大力鼓励民间志愿活动的开展，志愿活动和志愿组织开始朝专业化方向发展。1991年，台湾"行政院"劳工委员会颁布了"加强劳工志愿服务推行要点"；1995年，台湾"内政部"制定了"广结志工拓展社会福利工作——祥和计划"，对志愿服务的任务编组、教育训练、实施方式和奖励表扬等方面的问题进行了详细规范；1996年，台湾"行政院"颁布了"'行政院'暨所属各单位实施志愿服务要点"。另外，1997年之后，台湾"青年辅导委员会"、"环境保护署"、"文化建设委员会"、"消防署"等部门都出台了相应的志愿服务管理和奖励办法。2001年，台湾"志愿服务法"颁布实施，志愿服务开始进入法治化的阶段，每年的5月20日被定为台湾的"志工日"。

7.1.2　台湾社工的发展历史

社会工作是一个随着现代福利社会的建设而出现的专门职业。台湾社会工作的发展可以分为非专业时期、半专业时期和专业时期①。

非专业时期。20世纪50年代到70年代是台湾社会工作的非专业发展时期。这个时期的社会工作主要是由西方发达国家的宗教组织和慈善组织传播到岛内并具体操作实施。例如，1938年在美国成立的"中国儿童基金会"在中国大陆陆续设立了42所育幼院；之后在1950年，"中国儿童基金会"在台湾设立了第一所家庭式育幼院（光音育幼院），收容照顾家庭遭遇变故的贫困孤儿。20世纪50年代和60年代，光音育幼院主要采取"社会工作员"的制度，开始运用社会工作的专业方法，致力于贫困家庭的儿童生活扶助，保护受虐及有特殊需求的儿童。另外，省立台北医院在1949年和台大医院社会服务部在1951年就分别开始聘用社会工作人员。在这个时期，宗教组织、慈善组织、医疗机构运用社会工作的方法仅限于其内部尝试和坚持。

半专业时期。20世纪70年代和80年代是台湾社会工作发展的半专业时期。1971年，台湾行政主管部门开始核定聘用社会工作人员的名额，官方部门不仅自身雇用具有社会工作专业背景的人才，而且积极推动社会组织和公共服务机构聘用社会工作师。1972年，台湾行政主管部门出台了"台湾地区各省辖市设置社会工作人员实验计划"，主要在廉价住房、公共卫生、急救救助、贫困户辅导等方面加强专业社会工作人员的使用。1980年，台湾通过了"老人福利法"、"残障福利法"（1997年更名为"身心障碍者保护法"）和"社会救助法"。台湾还在1983年通过了"职业训练法"，在1984年通过了"劳动基准法"，在1989年通过了"少年福利法"。这些"法律"明确提出了"社会工作专业人员"的概念，把社会工作专业人员看作执行社会保障政策的重要依靠力量。社会工作人员的活动有了相关的"法律"规范和保护。

专业时期。20世纪90年代到现在是台湾社会工作发展的专业时

---

① 詹火生主编《台湾社会工作》，中国社会出版社，2014年。

期。1997年，台湾通过了"社会工作师有关规定"，开始对"社会工作师"的工作资格进行统一管理，建立了社会工作师证照制度，规定公立社会福利机构聘用的社会工作人员必须取得社会工作师专业证照。建立统一的伦理规范也是社会工作专业化的条件之一。1998年，台湾"内政部"颁布了"社会工作伦理守则"，对社会工作师在职业活动的过程中应当遵守的态度和价值观进行了详细规定。这一时期，台湾省关于社会工作的高等教育也发展起来。1992年，台湾中正大学社会福利系成立博士班，1995年东海大学开始招收社会工作博士班，成为台湾岛内较早从事社会工作学士、硕士、博士教育的完全体制。

7.2 义工的管理体制

7.2.1 管理机构

台湾的志愿活动管理机构分为三种类型：主管机关、目的事业主管机关、志愿服务运用单位。根据台湾"志愿服务法"的规定，志愿服务的主管机关分为三个层面："中央"层面的主管机关是"内政部"；"直辖市"层面的主管机关是"直辖市"政府；县（市）层面的主管机关是县（市）政府。主管机关主要管理从事社会福利服务的志愿服务活动，或者涉及两个以上目的事业主管机关的志愿服务协调，或者其他关于志愿服务的综合规划事项。

目的事业主管机关是对特定领域的志愿服务活动进行管理的部门，凡是主管相关社会服务、教育、辅导、文化、科学、体育、消防救援、交通安全、环境保护、卫生保健、合作发展、经济、研究、志愿者人力资源开发、联合活动、志愿服务水平提升等公益活动的机关都可以作为目的事业主管机关。

志愿服务的主管机关和目的事业主管机关在职责上有很大的重合部分，两者都对义工的权利、义务、招募、教育训练、奖励表扬、福利、保障、宣传和申诉等方面事务的规划和具体办理负有责任。志愿服务的主管机关和目的事业主管机关对于志愿服务的运用单位应该加强联系和辅导，并给予必要的协助。

志愿服务运用单位是具体使用志愿服务的组织或部门。志愿服务运用单位可以独立招募志愿服务人员，也可以联合招募志愿服务人员。志愿服务运用单位在招募志愿服务人员之前，应当公告其志愿服务计划，志愿服务计划应该包括志愿服务人员的招募、训练、管理、运用、辅导、考核及其服务项目。志愿服务运用单位不仅要负责对义工的基础训练和特殊训练，还要确保义工在服务过程中的安全，并为义工开展志愿服务活动提供必要的条件。另外，志愿服务运用单位需要把自己的志愿服务运用计划书面报告给志愿服务主管机关和志愿服务目的事业主管机关，在志愿服务进行的过程中，志愿服务运用单位需要详细记录义工从事志愿服务的时间和内容，志愿服务结束之后，志愿服务运用单位需要向志愿服务主管机关和志愿服务目的事业主管机关提交相关的活动报告。

集体从事志愿活动的公营事业团体和私营事业团体在向志愿服务运用单位提供志愿服务人员之前，应该和志愿服务运用单位签订正式的服务协议。

7.2.2 奖励措施

对志愿服务进行客观、翔实的记录是奖励志愿服务的前提。2001年，台湾颁布"志愿服务法"之后，根据该地方法规的精神，陆续颁布了"志愿服务证及服务记录册管理办法"、"志工服务绩效认证及志愿服务绩效证明书发给作业规定"和"志工申请志愿服务荣誉卡作业规定"。其中，"志愿服务证及服务记录册管理办法"就规定，志工一旦完成相应的教育培训，志愿服务运用单位就应该给志工发放志愿服务证及服务记录册。慈善服务记录册由"内政部"统一规定格式，并由各目的事业主管机关印制。因此，台湾能够根据志愿服务证上的记录统计每年台湾志愿服务的服务人次、服务时间、服务的市场价值等重要信息。"志愿服务法"规定，义工服务年资满三年，服务时间达到300小时以上的，通过一定的认证手续，可以获得志愿服务荣誉卡。持有志愿服务荣誉卡的义工可以免费进入公立的风景区、娱乐场所以及文教设施。另外，成绩优良的义工在服兵役替代役的时候会被优先考虑。

"内政业务志愿服务奖励办法"。"内政部"对从事民政、户籍、征兵、地政、建设、警察事务、消防等领域志愿服务的义工进行奖励。根据"内政业务志愿服务奖励办法",义工的志愿服务时间在1500小时以上的,"内政部"颁授内政业务志愿服务铜质徽章及获奖证书;义工的志愿服务时间在2000小时以上的,"内政部"颁授内政业务志愿服务银质徽章及获奖证书;义工的志愿服务时间在2500小时以上的,"内政部"颁授内政业务志愿服务金质徽章及获奖证书。

"卫生服务志愿服务奖励办法"。"卫生福利部"对于从事卫生保健、社会福利或其他有关卫生福利领域业务的义工进行奖励。"卫生福利部"对个人义工的奖励基准和"内政部"相同,对志愿服务时间达到1500小时、2000小时、2500小时的义工分别授予铜质、银质和金质徽章及相应的获奖证书。"卫生福利部"还设置了特殊贡献奖,对从事危险性、困难程度较高或特殊性质的志愿服务工作,以及在山地、离岛以及重大灾害地区提供卫生保健、社会福利等领域的志愿服务工作的义工中具备优秀事迹的人员,不受累计服务时间的限制授予特殊贡献奖。另外,"卫生福利部"针对志愿服务团队设立了"绩优志工团队奖",对于成立满三年、志愿者人数达到20人以上,运作良好并能够持续开展卫生保健和社会福利方面的志愿服务团队,根据其团队精神和服务绩效等方面的表现被评定为优良者,"卫生福利部"颁发"绩优志工团队奖"。

"劳工志愿服务奖励办法"。"劳动部"对劳工领域的义工进行奖励,奖励的对象分为"绩优劳工志工"、"资深劳工志工"和"绩优志愿服务团队"。其中,绩优劳工志工需要服务年满三年,而且服务时间达到300小时;资深劳工志工需要累计服务十年且志愿服务时间达到1500小时,或者累计服务二十年且志愿服务时间达到3000小时;绩优志愿服务团队需要人数在30人以上,实际从事志愿服务而且绩效卓越。绩优劳工志工按照服务的时间和年限,分别被授予金牌奖、银牌奖和铜牌奖。资深劳工志工按照服务的时间和年限分别被授予金质奖章和银质奖章。

"教育业务志愿服务奖励办法"。"教育部"对学校教育、社会教育、体育、青年发展等领域的志愿服务进行奖励。"教育部"奖励的对象包括志工、志愿服务团队和志愿服务运用单位。针对志工,"教育部"的奖励分为:青学奖,要求具有学生身份,连续服务两年以上,且服务时间达到 200 小时以上;铜质奖,要求连续服务三年以上,且服务时间累计达到 100 小时以上;银质奖,要求连续服务五年以上,且累计服务时间达到 1500 小时以上;金质奖,要求连续服务七年以上,且累计服务时间达到 2000 小时以上;楷模奖,要求连续服务十年以上,且累计服务时间达到 3000 小时以上。通过评审,对综合成绩优良的志愿服务团队进行表彰。另外,"教育部"还对志愿服务运用单位也进行评审,对其中综合得分较高的单位进行表彰。

"文化业务志愿服务奖励办法"。"文化部"对文化领域的志愿活动进行奖励,奖励的对象分为文化志工和文化志工团队两大类。连续从事志愿服务三年以上,累计服务时间超过 1500 小时是文化志工获得奖励的最低条件。"文化部"对文化志工的奖励分为四种:金质奖(10 名),要求连续服务七年以上,且累计服务时间超过 2500 小时以上,并且需要获银质奖两年以上;银质奖(2 名),要求连续服务五年以上,且累计服务时间达到 2000 小时以上,并且获得铜质奖满两年;铜质奖(50 名),要求连续服务三年以上,且累计服务时间超过 1500 小时;特殊贡献奖,不限名额,对所服务运用单位具有符合公益、重大、特殊事迹,足以作为全国楷模的志愿服务者。针对文化志工团队,"文化部"设立了文化志工团队奖(5 名),根据团队精神、整体表现、服务绩效等综合性指标对志愿服务团队进行评估,获奖的志愿服务团队有奖杯和一定的奖金。

7.2.3 伦理守则

伦理守则是现代社会某些专门职业,例如医师、律师、社工师、记者……自订的一些行为准则,规范该行业从业人员应该或不该的作为。这些伦理守则的范定范围包括了从业者与服务对象之间、从业者彼此之间、从业者与机构之间。志愿服务虽然是志工的无偿、自愿活动，但是义工和被服务者之间会因为资源服务而形成服务者与被服务者之间的关系。伦理守则是对义工在开展志愿服务过程中的行为和态度的基本要求，同时也是调整义工与被服务者之间、义工和义工之间、义工和其组织机构之间关系的准则。台湾在2002年颁布了"志工伦理守则"，其内容如下。

一、我愿诚心奉献，持之以恒，不无疾而终。
二、我愿付出所余，助人不足，不贪求名利。
三、我愿专心服务，实事求是，不享受特权。
四、我愿客观超然，坚守立场，不感情用事。
五、我愿耐心建言，尊重意见，不越俎代庖。
六、我愿学习成长，汲取新知，不故步自封。
七、我愿忠心职守，认真负责，不敷衍应付。
八、我愿配合志愿服务运用单位，遵守规则，不喧宾夺主。
九、我愿热心待人，调和关系，不惹是生非。
十、我愿肯定自我，实现理想，不好高骛远。
十一、我愿尊重他人，维护隐私，不轻诺失信。
十二、我愿珍惜资源，拒谋私利，不牵涉政治、宗教、商业行为。

7.3 义工的发展现状

7.3.1 义工开展志愿服务的领域

义工的服务领域总是随着社会的需求而发生变化。根据若水国际与TNS模范市场研究顾问公司的调查（2009年），[1] 台湾地区义工的服务主题包括社区（邻里）发展、儿童青少年教育/发展、老人福

---

[1] 若水国际、TNS模范市场研究顾问公司：《志工参与关键报告》，2009。

利、文化艺术、身心障碍、医疗卫生、生态环保、少数民族、低收入家庭、国际服务、农业观光、关怀动物、新住民（外籍配偶/劳工）等13个领域（见图7-1）。其中，从事社区发展的义工的比例最高，达到22%，这和台湾社会重视社区营造的趋势非常相关。另外，儿童青少年教育/发展、老人福利、文化艺术也是义工主要的服务领域，所占比例分别为19%、12%、11%。

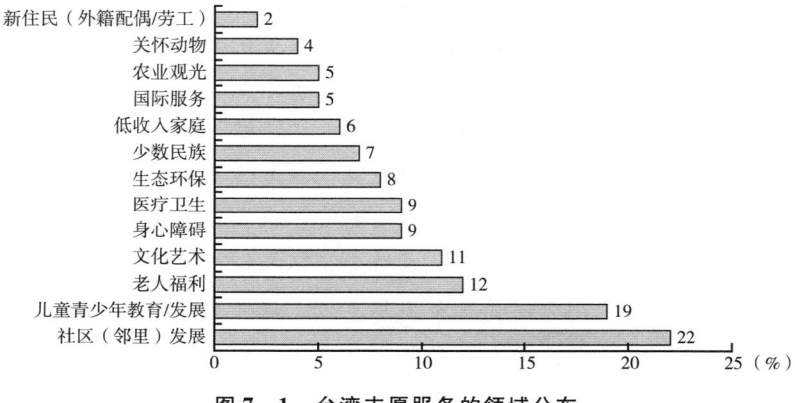

图7-1 台湾志愿服务的领域分布

社会处（局）是地方当局部门中管辖义工数量最多的部门。2014年，根据"卫生福利部"的统计，各地方当局社会处（局）所管辖的义工人数达到240150人，全年进行的志愿服务时间累计达到32725244小时，其中为身心障碍人士提供的志愿服务时间累计4366865小时，占比13.34%，为老年人提供的志愿服务时间累计7824658小时，占比23.91%，为妇女提供的志愿服务时间累计952982小时，占比2.91%，为青少年提供的志愿服务时间累计1117987小时，占比3.42%，为儿童提供的志愿服务时间累计2544083小时，占比7.77%，咨询商务辅导服务的时间累计1207699小时，占比3.69%，家庭福利服务时间累计709096小时，占比2.17%，社区福利服务时间累计5639366小时，占比17.23%，综合福利服务时间累计8362508小时，占比25.55%（见图7-2）。

第七章 台湾的义工与社工 131

身心障碍福利服务
13.34%

综合福利服务
25.55%

老人福利服务
23.91%

社区福利服务
17.23%

家庭福利服务
2.17%

咨询商务辅导服务
3.69%

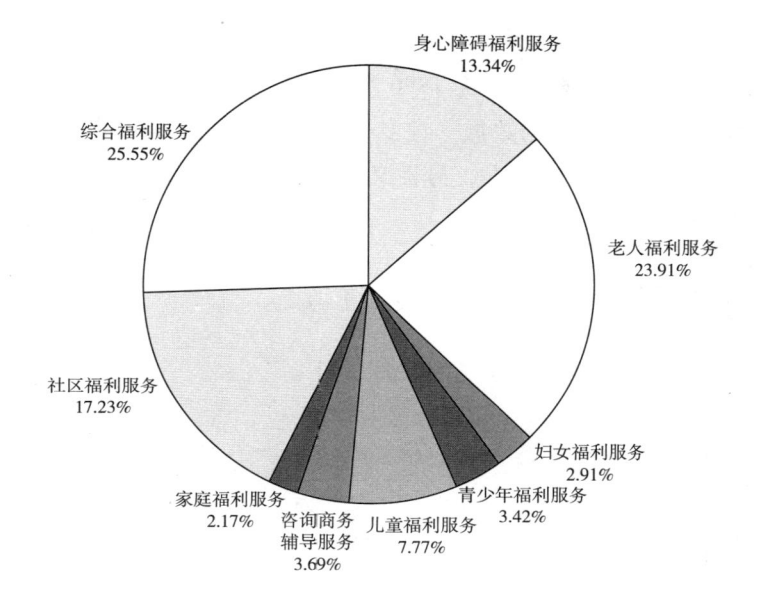

儿童福利服务
7.77%

青少年福利服务
3.42%

妇女福利服务
2.91%

图 7-2 地方当局社会处（局）所辖义工的服务对象

7.3.2 开展志愿服务的义工来源

义工的数量和有闲阶层的扩大密切相关。根据若水国际与 TNS 模范市场研究顾问公司在 2009 年进行的调查，[①] 台湾的义工人数占总人口数的 17.9%，虽然低于美国、加拿大等发达国家 30%~50% 的比例，但是 2001 年台湾地区的"志愿服务法"颁布实施之后，台湾的义工数量增长很快。从性别来看，女性从事志愿服务的比例要高于男性，其中女性的 19.5% 的人口参加过志愿服务，男性的 16.3% 的人口参加过志愿服务。从年龄来看，18~24 岁的大学生群体、45 岁以上的中老年群体是义工的最主要来源。从职业来看，退休人员、家庭主妇、自由职业者、学生群体是义工的主要来源。

根据台湾"卫生福利部"的统计，台湾各地方当局社会处（局）所管辖的义工数量从 1996 年到 2014 年有非常显著的增加，其中 1996

---

① 若水国际、TNS 模范市场研究顾问公司：《志工参与关键报告》，2009。

年的志愿服务队伍数量为 528 支，而 2014 年志愿服务队伍的数量已达到 3924 支，义工人数从 1996 年的 35272 人增加到 2014 年的 240150 人。女性义工的数量一直多于男性义工。以 2014 年为例，女性义工的数量为 163267 人，男性义工的数量为 76883 人，前者是后者的两倍还多（见图 7-3）。

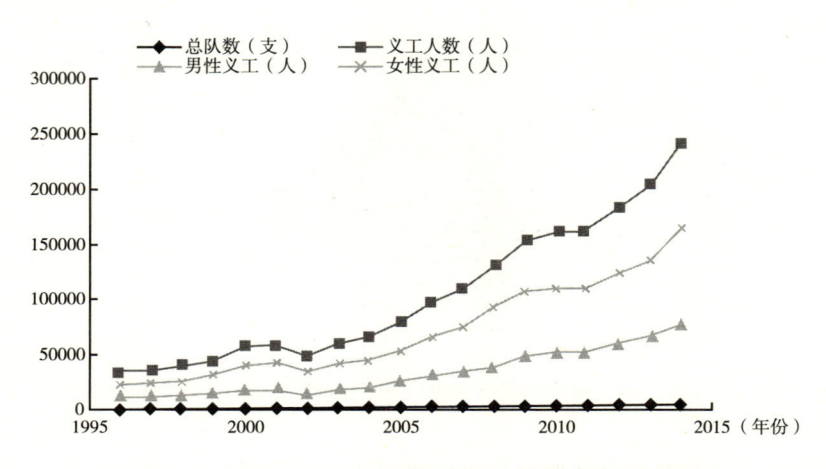

图 7-3 台湾各地方当局社会处（局）管辖义工数量的变化

从职业分布来看，2014 年，地方当局社会处（局）管辖的义工中，家庭管理（家庭主妇或家庭主夫）的比例最高，人数为 68540 人，占比为 28.54%，其次是工商界人士，义工数量为 48439 人，占比为 20.17%，其他职业类别依次为学生、退休人员，占比分别为 16.39% 和 15.38%（见图 7-4）。

7.3.3 义工的社会影响

台湾的义工组织不仅在社区营造和社会建设发挥着重要作用，对地方政治和政党活动也有很大影响。义工是官方和社会力量关爱、扶助弱势群体和特殊群体的使者。志愿服务组织是官方、政党联系普通群众的重要纽带。台湾岛内的各种政治力量都希望通过志愿服务组织获得更多的民众支持。

青年辅导委员会。青年辅导委员会成立于 1966 年，属于台湾

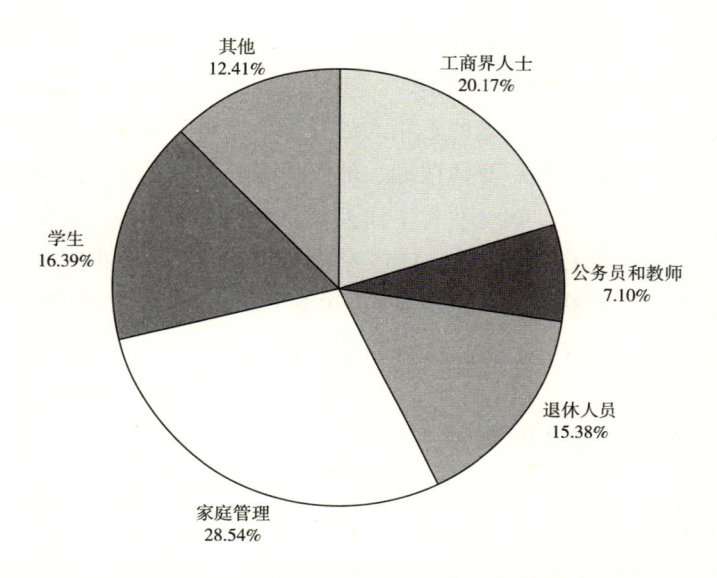

图 7-4　台湾各地方当局社会处（局）管辖义工的职业构成

"行政院"下属的事业单位，早期主要从事辅导海外归回学人就业与创业，征选青年进入公务单位和"国营"单位，近年来的主要工作方向包括青年就业、创业、社会参与、志工服务以及青年旅游与文化等。青年辅导委员会很早就致力于推动青年的志愿服务活动，2008年12月，青年辅导委员会成立了"区域志工和平团"，号召台湾青年积极参与国内和国际上的扶贫、济弱、可持续发展等方面的志愿服务活动。2012年，青年辅导委员会还推出"一村一志工"的计划，号召青年认识乡土，扩大青年公共参与。

台湾志工总会。台湾志工总会成立于1992年，当时连战先生担任台湾省政府主席，创办了"台湾省祥和社会志愿联盟"。在此基础上，1992年10月成立了台湾志工总会。该会服务宗旨是倡导志愿服务精神，结合志愿服务人员及团体，培训志愿服务干部，运用专业方法，协助官方解决社会问题，并发掘及结合社会资源，推进各项社会服务工作，建立祥和社会，在台北市、高雄市、桃园市等岛内20个"直辖市"、县设有地方志愿服务协会。

"中华弘道志工协会"。"中华弘道志工协会"是弘道老人福利基金会支持成立的志愿服务组织。"中华弘道志工协会"弘扬孝道文化,组织志工对居家养老的老年人进行长期照料。为老年人提供的服务内容包括陪伴照顾、身体照顾、健康促进服务、全家型生活服务以及生活指导。目前,该会共有工作人员 206 名,专业的照顾服务人员 200 人,志工约 1593 人,为 4155 位独居失能老人提供长期照料服务。在台北市、新北市、南投县等 10 个市、县设有 177 个服务站点,其中志工站 33 处,协力站 32 处,辅导据点 112 处。

7.4 社工的管理体制

7.4.1 管理机构

根据 1997 年颁布的"社会工作师法",台湾的社会工作师的主管机关分为三类:"内政部"及"直辖市"政府,县(市)政府。主管机关的主要职责是对社会工作师进行考核、监督、处罚。根据朱希峰的总结,[①] 台湾的社会工作人员包括四种不同身份的人员:第一种是取得社会工作师证书并申领社会工作师执业执照的人;第二种是取得社会工作师证书但是未获得执业执照的人;第三种是具有社会工作专业教育背景,但是没有参加社会工作师证照考试获得社会工作师证书的人;第四种是没有社会工作专业教育背景,但是实际从事社会工作服务的人员。其中,社会工作师又分为一般的社会工作师和专科社会工作师。通过社会工作师考试合格的人员由主管机关颁发社会工作师证书。专科社会工作师需要在取得一般社会工作师资格的基础上,完成相应的专科训练,通过全台性社会工作专业团体的初审,最后经过"中央主管机构"的审查方能获得专科社会工作师证书。台湾主要设有医疗社工师、司法社工师、学校社工师、社区社工师等专科社会工作师。

---

① 朱希峰:《台湾地区的社会工作师证照制度》,《社会福利》2007 年第 4 期。

社会工作师公会是台湾社会工作师的职业主管机构。社会工作师公会属于职业类人民团体，由人民团体主管机关主管，但是其在业务上接受相关的事业主管机关的指导和监督。社会工作师只有加入本地的社会工作师公会才能在本地执业，同时社会工作师公会也不能拒绝社会工作师加入公会。社会工作师公会按照行政区划来划分管辖范围，有"直辖市"公会、县（市）公会，还设有社会工作师公会全台性联合会，同一个区域只能设一个社会工作师公会。

社会工作师可以受雇于官方机构，也可以受雇于医疗、教育或者民间非营利组织等部门，还可以自己独立举办事务所，称为社会工作师事务所。根据台湾地区的"社会工作师法"，社会工作师事务所的设立必须由社会工作师向所在"直辖市"或者县（市）的主管机关申请，由主管机关核准登记。申请者必须具备社会工作师资格，而且需要从事社会工作五年以上。社会工作师事务所的负责人必须是申请者或者申请者之一。社会工作师事务所的收费标准需要由所在"直辖市"或者县（市）的主管机关核准。台湾最早的社会工作师事务所是2005年成立的宜兰县野百合社会工作师事务所和台北市禾善社会工作师事务所。

7.4.2 教育和考试

台湾的社会工作师需要经过长期的学习和严格的考试才能够获得相应的称号和资格。台湾的社会工作专业教育最早可以追溯到1963年台湾私立文化学院开设的社会工作学系（夜间部）。20世纪70年代，台湾大学、辅仁大学、东海大学、东吴大学等学校开始以社会工作组的形式开展教学活动。截至2011年，台湾共有台湾大学、政治大学、台湾师范大学、实践大学、东吴大学、东海大学等26所高等院校设有和社会工作相关的系所，其中在校本科生为2397名，硕士生为388名，博士生为23名。台湾大学社会工作系、东海大学社会工作系、暨南国际大学社会政策与社会工作系等三所高等院校同时开设社会工作本科、硕士和博士课程。以台湾大学社会工作系为例，其本科阶段的主要课程包括社会工作概论、社会学、社会统计学、普通心理学、社会心理学、人类行为与社会环境、社会工作研究方法、社会个案工作、社会团体工作、社会福利概论、社会工作实习、社会福利行政、社区组织与社区发展、方案设计与评估、社会政策与社会立法、社会工作管理等。

根据台湾地区2000年颁布的"专门职业及技术人员高等考试社会工作师考试规则",报考社会工作师仅限于五类人群。第一类人群是专科以上学校社会工作科、系、组、所毕业,并具有毕业证书的人。第二类人群是专科以上学校相当科、系、组、所毕业(社会政策与社会工作、青少年儿童福利、儿童福利、社会学、社会教育、社会福利、医学社会学等),获得毕业证,而且曾经学习过社会工作概论、人类行为与社会环境、个案工作、团体工作、社区工作、社会工作研究方法、社会福利概论、社会福利行政或社会工作管理、社会政策与立法、社会工作实习或实地工作、社会工作督导、非营利组织管理、方案规划预评估、家庭政策或家庭社会工作、社会福利服务等18类(门)学科中至少7科且合计20学分以上(每学科最多计3学分),其中必须包括社会工作实习或实地工作。第三类人群是2001年7月31日前,专科以上学校社会政策与社会工作、青少年儿童福利、儿童福利、社会学、社会教育、社会福利、医学社会学等科、系、组、所毕业并获得毕业证的人。第四类人群是2000年12月31日前,非社会工作相关学系毕业,并有社会工作实务经验2年以上的人。第五类人群是2006年7月31日前,设立时间超过10年的宗教大学或者独立学院的社会工作相关科系毕业,并有2年以上社会工作实务经验的人。

随着时间的推移,报考社会工作师的人中第一类人群和第二类人群将占绝大多数。台湾社会工作师考试的通过率非常低,如果没有专业的课程学习,通过考试的可能性更低。根据沙依仁的统计[①],台湾社会工作师考试的通过率(通过人数占参与人数的比例),1997年为11.02%,1998年为16.3%,1999年为16.0%,2000年为16.06%,2001年为6.47%,2002年为6.37%,2003年为16.93%,2004年为

---

① 沙依仁:《社会工作专业教育之状况及发展》,《社区发展季刊》,2002。

2.33%，2005年为9.2%，2006年为10.8%，2007年为10.4%，2008年为25.4%，2009年为5.4%，2010年为10.7%。除了2008年的通过率超过20%之外，其他年份的通过率都相当低。

7.4.3 社会工作伦理守则

社会工作伦理守则是社会工作师职业自律和行业自律的重要部分。美国、加拿大、瑞典、中国香港等国家和地区都制订了社会工作伦理守则。2007年，台湾社会工作师公会全联会第二届第二次会员代表大会通过了"社会工作伦理守则"，成为规范社会工作师职业活动的主要依据。值得注意的是，台湾的"社会工作伦理守则"不仅规范社会工作师的行为，而且对社会工作师所在的服务机构一级对社会工作负有督导、考核、监督、协助职责的机构和个人也具有规范作用。台湾社会工作师伦理准则以"人性尊严"为核心价值观，努力促使案主免于贫穷、恐惧、不安，维护案主基本生活保障，享有尊严的生活。

台湾社会工作师要遵守尊重、关怀、正义、坚毅、廉洁、守法、专业等六大伦理原则。

1. 社会工作师应尊重生命，遵守理性平等、诚实、信用的原则。
2. 社会工作师应接纳案主的个别差异和多元文化。
3. 社会工作师在社会公平的基础上，支持关怀案主表达需求、增强案主能力，努力实现自我。
4. 社会工作师基于社会公平与社会正义，寻求案主最佳利益的维护。
5. 社会工作师应以坚毅的精神、理性客观的态度帮助案主，协助同僚。
6. 社会工作师应诚实、负责、自信、廉洁、守法自许，并不断充实自我，提升专业知识和能力。

社会工作师对案主的伦理守则。案主是社会工作师的服务对象和工作对象。社会工作师应该在给予社会公平和社会正义的基础上，以促进案主的福利为最优先的考虑。社会工作师应首先尊重并促进案主的自我决定权。社会工作师提供服务时，应明确告知案主有关服务目标、风险、费用、权益等相关事宜。社会工作师应该与案主保持正常的专业关系，不得与案主发展不正当关系，也不得收取案主不正当的馈赠。社会工作师对案主的相关信息尽保密的义务，保护案主的隐私。只有在案主明确放弃保密权利，或者社会工作师负有法律规定相关报告责任等有限的情形，社会工作师才能放弃保密义务。

社会工作师对同僚的伦理守则。社会工作师应该通过同僚之间的相互合作、支持、激励来促进案主的利益。社会工作师的同僚之间有相互支持的义务，社会工作师各有不同的专业和特长，当社会工作师不能胜任工作时，应当通过社会工作师之间的网络，寻求其他社会工作师的协助。社会工作师应该协助保障同僚的合法权益，对不公平或者不符合社会工作师伦理规范的要求，社会工作师应向服务机构或者各地区的社会工作师公会、社会工作师公会全联会、社会工作师主管机关进行申诉。

社会工作师对实务工作的伦理守则。社会工作师在执行业务的过程中应该保留必要的记录，规范、客观、公正记载服务过程的相关信息，服务记录应该妥善保存，注意保护案主的隐私。社会工作师应该具备本专业领域的相关专业知识和技能，根据时代的发展不断学习新的知识和技能，充实自己，担任教育、督导角色的时候，应该尽力为服务对象提供专业指导，公平、客观评价事件。

社会工作师作为专业人员的伦理守则。作为专业人员，社会工作师应该包容多元文化、尊重多元社会现象，防止因种族、宗教、性别、国籍、年龄、婚姻状态及身心障碍、宗教信仰、政治理念等不同而造成的社会不平等现象。

社会工作师对社会工作专业的伦理守则。社会工作师应该致力于社会工作专业知识的发展、保护和传承，提升社会工作师的职业形象，提升社会服务品质，重视社会工作的价值，促进社会工作专业制度的建立。

社会工作师对社会大众的伦理守则。社会工作师在社会公众面前应该致力于社会公益的倡导和实践，面对因灾害所导致的社会安全紧急事件，应提供专业服务，以保障弱势群体免于生命、身体、自由、财产的危险与意外。

7.5 社工的发展现状

7.5.1 社会工作人员

社工（Social Worker）是指从事社会工作（Social Work）的人。社工分布在不同的部门、行业，其就业形式和资格高低也不相同。从受雇佣机构的情况来看，社工可以分为公共部门雇佣的社工、私人部门雇佣的社工、独立执业的社工。以台湾的"卫生福利部"为例，其工作人员就分为行政人员、社会工作人员、社会工作师（具有公职）、专业人员和其他人员。其中，2005年之前，社会工作人员和社会工作师（具有公职）这两类人员并不做区分，他们都属于受雇于官方部门的社工。2006年之后，"卫生福利部"把社会工作人员和社会工作师进行了区分，后者具有社会工作师的专业资格，而前者没有。根据2014年的统计数据，[①] 台湾各地方卫生福利部门的行政人员为4094人，社会工作人员为2474人，社会工作师（具有公职）为842人，专业人员2666人，其他人员2193人。由此可见，在官方的卫生福利部门中，社工所占比例大约在四分之一；在社工中，具有社会工作师资格的人数大约占四分之一。

另一部分是受雇于私人部门的社工，主要包括非营利组织、地方团体、企业以及独立的社会工作师事务所。根据台湾"卫生福利部"的统计，2015年，卫生福利部门登记的社会工作师事务所共有13家，主要分布在台北市、台南市、高雄市、宜兰县、桃园县、苗栗县、南投县和嘉义市等地。

从2003年到2014年，台湾的社工人数增长很快。根据台湾"内政部"的统计资料，[②] 2003年，台湾的社会工作专职人员数量为2713人，2014年，台湾的社会工作专职人员数量为11537人，增加了3倍多。以2014年的情况为例，受雇于官方部门的社会工作专职人

[①] 根据台湾省"内政部"网站发布的《社会福利工作人员数》。
[②] 根据台湾省"内政部"网站发布的《领有社会工作师执照人数》。

员数量为3978人,受雇于私营部门的社会工作专职人员的数量为7559人,后者约为前者的2倍。在社会工作专职人员中,女性的数量一直多于男性。以2014年的情况为例,男性社工的数量为2021人,女性社工的数量为9516人,后者为前者的将近5倍(见图7-5)。

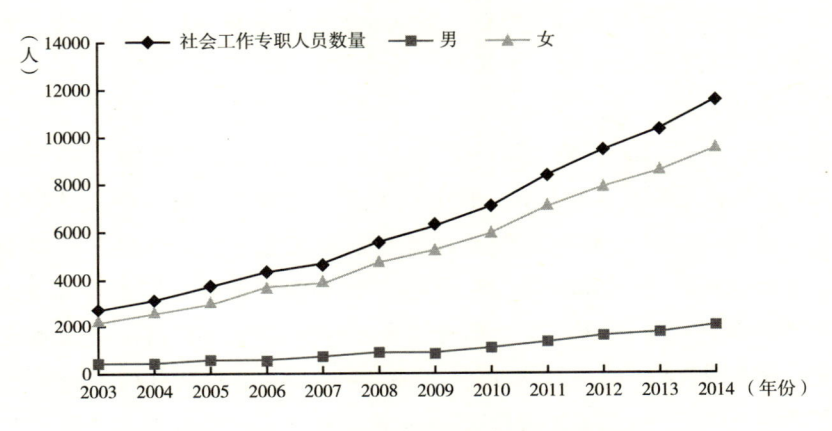

图7-5 台湾社会工作专职人员数量变化

社会工作师的数量同样也呈现快速增长的趋势。根据台湾"内政部"的统计,2003年,台湾拥有社会工作师执照的人数为872人,到2014年,这个数字变为4471人,增加了4倍还多。在社会工作师中,女性的比例非常高。以2014年的情况为例,女性社会工作师人数为3833人,男性社会工作师的人数为638人,前者为后者的6倍多。从图7-6中可以看出,2011年之后,台湾社会工作师的数量增加速度较前些年份更快,但是主要的增加源于女性社会工作师数量的增加。

7.5.2 社会工作领域

社会工作是一个国际化较强的领域,台湾地区社会工作的主要方法均来自发达国家。社会个案工作、社会团体工作、社区工作是实践中运用最大的社会工作方法。另外,台湾社会工作的专业分化也非常明显,主要包括少年儿童社会工作、老人社会工作、身心障碍者社

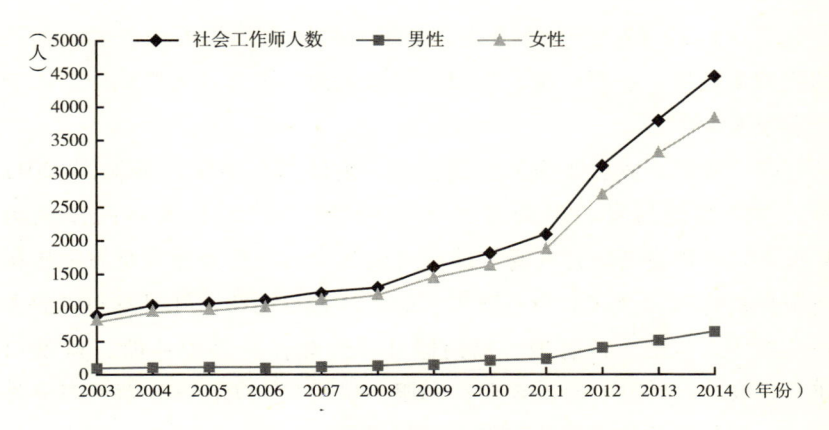

图 7-6 台湾社会工作师人数变化

工作、妇女社会工作、医务社会工作等。

少年儿童社会工作。少年儿童社会工作是以少年和儿童为工作对象，运用科学的、专业的服务方法，以促进少年儿童全面发展进而促进社会和谐发展为目的的社会工作。台湾的少年儿童社会工作主要包括支持性服务、补充性服务、替代性服务和保护性服务。根据2010年的统计，台湾有25所儿童福利服务中心和44所少年福利服务中心。儿童及少年福利服务中心提供的服务包括个案工作、团体辅导、社区工作、外展服务、转介服务、亲职教育及亲子活动等。对于陷入经济困难或者有疾病、发育迟缓的儿童和少年，当局也有相应的支持政策，例如"发育迟缓儿童上门服务实施计划"。如果少年儿童所在家庭发生特殊状况，或者其家庭功能严重丧失，以致危害到少年儿童权益，当局有权利对这部分少年儿童安排合适的寄养家庭或者寄养机构。

老人社会工作。老人社会工作是指社会工作者在老人工作中，针对需要社会工作服务者，运用社会照顾与社会工作相关理论，采取直接的个案、团体、社区工作服务方法，及间接服务如管理、评估、政策与立法等服务方法，确认受服务者获得生理照顾，提供心理与社会照顾。台湾已经进入老龄化社会，2001年，台湾老年人口占总人口的比重达到 10.67%。① 台湾关于老年人的社会工作机构主要包括长期照护型机构、护理机构、失智型照顾机构、老人日间照顾中心和老人居家服务中心。

身心障碍者社会工作。根据台湾"内政部"的统计资料,② 2011年,台湾登记的身心障碍者共有 1093219 人,占总人口的比例为 4.71%。台湾主要通过向身心障碍者发放生活补助并建立身心障碍福利服务机构两种形式对身心障碍者的生活进行支持。针对身心障碍者的补助主要包括生活补助、辅助器具补助和托育养护补助。到 2011 年 9 月底,台湾共有身心障碍福利服务机构 273 所,其经营形态分为四种,即住宿型、夜间住宿型、日间照顾型、部分时制型。台湾的身心障碍福利服务机构中,私立身心障碍福利服务机构数量最多,有 189 所,其次是公设民营的身心障碍福利服务机构,有 66 所,公立的身心障碍福利服务机构数量最少,只有 17 所。

妇女社会工作。妇女社会工作是以妇女为对象,运用社会性别视角以及社会工作专业价值理念和方法,在总结和提炼本土的妇女工作实践经验的基础上,着力解决妇女存在的特殊问题和发展方向,满足妇女的需要,维护妇女权益,促进妇女的社会福利与妇女发展,推动妇女工作向专业化方向发展。台湾的妇女社会工作首先表现在对贫困女性的社会支持。2000 年,台湾制订了"特殊境遇妇女家庭扶助条例",对于单亲妈妈、丧偶妇女、家庭暴力受害者等特殊境遇的妇女提供各项扶助,包括紧急生活扶助、子女生活津贴、子女教育补助、伤病医疗补助、儿童托育津贴、诉讼补助及创业贷款补助等。另外,台湾还为遭受家庭暴力和性暴力的妇女提供庇护安置所,主要为受暴力侵害的妇女及随行子女提供临时性住宿服务。

医务社会工作。医务社会工作是指综合运用医务社会工作专业知

---

① 黄松林:《台湾老人社会工作:社会照顾观点》,载詹火生主编《台湾社会工作》,中国社会出版社,第 100 页。

② 翁毓秀:《台湾身心障碍者社会工作》,载詹火生主编《台湾社会工作》,中国社会出版社,第 127 页。

识和方法，为有需要的个人、家庭机构和社区提供专业医务社会服务，帮助其舒缓、解决和预防医务社会问题，恢复和发展社会功能的职业活动。台湾医务社会工作的主要内容包括经济补助、协助疾病适应与医疗适应、患者与家属的情绪支持、出院准备服务、协助家庭沟通与决策、保护性业务、医患关系与医疗纠纷调处、安宁疗护与丧亲关怀等。

7.6 台湾义工与社工的发展特点

7.6.1 专业化、大众型的义工发展之路

志愿服务的发展体现了一个国家或地区公民社会发展的程度。台湾地区的志愿服务是一条专业化、大众型的发展之路。台湾的公共部门和私营部门都乐于运用义工。运用义工既能够降低机构的运营成本，又可以增强和社区及民众的联系。台湾的义工管理体制使得志愿服务的运用单位成为最主要的责任方。志愿服务的运用单位不仅要负责义工的基础培训和业务培训，还要为义工开展工作提供诸多便利条件。因此，台湾的义工大多在一个机构服务相当长的时间，随着知识和经验的积累，其专业性能够得到稳定提升。很多到台湾旅游和参观的客人都觉得台湾处处有义工，尤其是博物馆、旅游景点等地方的义工给游客的印象非常深刻。这些义工在专业水平上一点也不逊于专业的导游和讲解员，而且服务态度也非常好。

另外，台湾的义工属于大众型的义工，其人员主要来源于学生、家庭主妇、老年人口等自由时间比较充裕的群体。当局对义工有比较完整的管理制度和奖励制度，但是这些制度大多发生在志愿服务主管机关、志愿服务运用单位以及志愿服务者团体之间，对志愿者个人没有直接的支配。这样的管理体制使得台湾的义工在开展志愿服务的过程中具有很大的选择权，志愿者能够很好地保存自己的民间性。

正因为如此，台湾的义工是民间社会的力量代表。义工和本地的

民众联系紧密，自己也是民间力量的重要组成部分。义工的志愿服务活动大多和本地公共利益的维护、社区发展、扶弱助残具有密切关系。台湾的义工对本地区的政治生活有一定的影响。政党和政治力量都希望通过义工的渠道加强和公众的联系，树立良好的政治形象。

7.6.2 职业化、精英型的社工发展之路

社工是一个以提供社会福利、帮助他人为职业的群体。台湾的社会工作体现的是一条职业化、精英型的发展之路。由于社会工作在专业技术上缺乏精确的可预期性，社会工作的职业化一直是一个世界性的问题。台湾在管理体制和伦理守则方面强化了其社会工作的职业化倾向。社会工作专职人员由官方部门登记认定，社工群体内部有社工员、社工师、社工督导这样的职称区别。社工师可以受雇于其他机构，也可以自己执业，成立自己的社会工作师事务所。社会工作师还有自己的职业团体——社会工作师公会，该组织致力于维护社会工作师的职业权益，促进社工职业化发展。

台湾的社会工作师资格考试通过率比较低，如果没有经过系统的社会工作专业教育和训练，通过社会工作师考试的可能性很低。台湾的社会工作师具有较大的职业权力，其伦理守则要求社会工作师在遵守"法律"的情况下优先保护案主的利益，而不是协助官方的行政需要。大部分社会工作师不仅要具有社会工作的知识和技能，而且还需要具备相关领域的知识和技能，少年儿童、老人、身心障碍者、妇女、医务等专业领域的社会工作对社会工作师的知识和技能要求比较高，能够开办自己的事务所的社会工作师的数量也非常少。

参考文献

[1] 肖艳：《台湾地区志愿服务发展历程、特点与经验》，《社科纵横》2012年第1期。

[2] 连横：《台湾通史》（下册），商务印书馆，2010。

［3］詹火生主编《台湾社会工作》，中国社会出版社，2014。
［4］若水国际、TNS模范市场研究顾问公司：《志工参与关键报告》，2009。
［5］朱希峰：《台湾社会工作管理体制与运行机制考察（上）》，《社会工作（实务）》2007年第7期。
［6］朱希峰：《台湾社会工作管理体制与运行机制考察（下）》，《社会工作（实务）》2007年第8期。
［7］朱希峰：《台湾地区的社会工作师证照制度》，《社会福利》2007年第4期。
［8］李伦：《台湾社会工作教育初探》，《社会福利》2012年第3期。
［9］沙依仁：《社会工作专业教育之状况及发展》，《社区发展季刊》，2002。

第八章 台湾的社会企业

李 勇[*]

【本章摘要】 社会企业是台湾非营利组织创新、可持续发展重要的组织形式和运作形式。本章介绍了台湾社会企业的发展历程、发展概况、政策环境,并分析了其未来发展趋势。

台湾非营利组织的发展基于内生的政治改革、社会改革、经济改革的因素影响,也深受国际社会企业发展潮流的影响。在内部,非营利组织的迅速发展及其面临的资源约束使其逐步开始探索商业化或产业化的发展路径,以有效实现组织使命;政治自由化与民主化使得非营利组织加强与官方合作,承接官方购买服务,并通过影响政策逐步推进社会企业化运作;经济的迅速发展、周期性发展也使得企业更注重通过社会责任,通过成立基金会或公益创投等方式推动社会企业的发展。在外部,台湾自1987年以来的剧烈的政治、社会变革导致了社会需求的多元化、差异化,这使得台湾社会企业的发展在吸收、借鉴国际社会企业发展的经验时更注重与本地特点相结合,形成自身独特的发展路径与特点。

8.1 发展历程

8.1.1 生成动因

不同于欧、美、日、韩、中国香港等国家和地区,台湾社会企业

---

[*] 李勇,清华大学公益慈善研究院副院长。

的发展是社会权利与形成社会力、解决社会问题、满足社会多样化需求、推动社会创新等多种因素共同推动的。这与同期台湾社会、政治、经济的剧烈变动有着密切的关系。台湾社会企业兴起的因素可以归纳为：（1）社会需求的回应；（2）寻求财务的稳定与资助；（3）社会福利民营化与购买服务的促进；（4）当局的政策诱发与经费补助；（5）企业日渐重视社会责任的实践。① 在这些因素中，非营利组织的多元化发展为推动社会企业的形成提供了组织基础，资源竞争压力的日渐加剧推动了商业化，成立社会企业成为务实选择，公共服务体制改革与相关政策的出台成为社会企业发展的催化剂。

1. 非营利组织多元化发展的推动

台湾自 1987 年"解严"之后，社会多元发展、经济高度成长、政治自由化与民主化进程加快，形成以非营利组织为主体、以社会运动为主线发展起来的区别于官方与市场的第三部门。根据台湾当局统计，截止到 2011 年台湾共有 5 万余家社会团体，包括 5233 个职业团体，占社会团体总数的 10.49%，38026 个社会团体，占社会团体总数的 76.19%，6650 个社区发展协会，占社会团体总数的 13.32%。从团体级别来看，县市级团体占比 40.59%，市级团体占比 38.16%，全台性团体占比 21.25%。主要分布的领域依次为社会服务及慈善团体、学术文化团体、体育团体、经济业务团体、国际团体、宗教团体。《2001 年台湾基金会调查研究》资料显示，台湾共有 3000 余家基金会，其中有 60% 左右的基金会是在 20 世纪八九十年代成立的。其主要特征是发展迅速。除去慈济、家福基金会、台湾世界展望会等少数规模较大的非营利组织，其余普遍规模较小，资源普遍来自捐款、官方补助和业务收入。

在这个过程中，通过结社以争取智障者、妇女、儿童、老人、青少年等群体的权利和社会福利权益的运动尤为凸显。"解严"后压抑

---

① 官有垣、陈锦棠、陆婉萍、王仕图等：《社会企业：台湾与香港的比较》，巨流图书公司，2012，第 70～74 页。

的社会需求得以释放，各类群体与社会整体的权利意识觉醒，各种提供社会福利服务、满足弱势群体社会需求的非营利组织，通过提供社会服务介入政策制定，拓展非营利组织活动空间。在这个过程中，实现弱势群体人权、利用其自身优势就业的社会企业模式产生。这不仅有利于弱势群体的康复，更重要的是通过优势就业实现自力更生，通过工作弱势群体与社会大众接触，融入社会，并改变社会大众对弱势群体的认知、接纳，进而实现公民教育。发展比较早、社会知名度比较大的社会企业有喜憨儿社会福利基金会为心智障碍者成立的烘焙屋、阳光社会福利基金会成立的洗车中心、嘉义县身心障碍联合会成立的生产阿里山高山茶的庇护工厂、心路社会福利基金会宽宽洗衣房等。这些社会企业在产生之初强调身心障碍者的个人发展、权利与社会福利，并减轻其家庭负担，后来逐渐发展到通过创新方式改变其自身环境，促进其社会参与及社会融合。

2. 资源竞争压力

台湾经济在 20 世纪 80 年代达到鼎盛期，正式进入发达经济体行列。"解严"后，社会空间扩展，社会福利支出大幅增加，经济增长后社会捐赠也大幅增加，台湾非营利组织数量在八九十年代后迅猛增长。

20 世纪 90 年代末亚洲金融危机造成经济衰退，社会捐赠呈现不稳定态势，数量迅速增长的非营利组织面临巨大的财政压力，相互之间的资源竞争格局形成，资源竞争日趋激烈。一是社会捐赠的不稳定，且社会捐赠往往是集中在较大规模、社会公信力较高的基金会和社会团体，资源分配严重不均衡；二是非营利组织迅猛增加，大量非营利组织规模小、人员少、能力弱，会费收入和大众捐款不足以支撑其财务支出；三是台湾的基金会大部分属于运作性而非资助型基金会，其资金运作也主要依靠社会捐赠、官方补助、业务收入，对数量占绝大多数的中小型非营利组织的资助很少。同时，虽然台湾当局不断通过各项政策与计划资助非营利组织，但非营利组织之间的资助竞争、资金管理的限制、资助的非制度化、更多的问责要求，使得官方资助对于缓解非营利组织财务健康与稳定并不具有显著作用，且往往极大地影响非营利组织财务管理的自主性。

与此相对应的是，台湾地区的社会服务需求快速变迁，其种类、层次、标准等不断增多，要求提供社会服务的非营利组织投入更多的资源，通过专业化、职业化来提高社会服务的质量，通过使用者付费，设立附属或独立的营利事业单位，推动组织业务创新发展，来解决财务健康发展的问题。

3. 公共服务体制改革

台湾当局的公共服务体制改革及相关的政策引导对推动社会企业的发展发挥了重要作用。

用公共服务统领社会服务是世界各国和地区的潮流，台湾当局通过社会福利与社会服务的民营化推动官方、社会的合作，以发挥社会的主动性，节省财政开支。通过购买服务、社会福利机构公办民营的措施，推动社会参与，拓展使用者付费方案，形成福利机构的产业化发展路径。

为解决失业、灾后重建等问题，同时提振社区产业与社区经济的发展，台湾当局自2002年以来提出"第三系统、就业与地方发展计划"。2001年台湾地区劳动部门、社政部门、卫生福利部门等陆续推出"永续就业希望工程"、"多元就业开发方案"、"照顾服务产业"等相关政策与举措。发展地区产业、社区经济成为重要的指导方针，推动了非营利组织发展营利性业务、转型或建立社会企业。非营利组织从面向身心障碍者、失业者等弱势群体提供服务逐渐转为多元化、一般性的社会企业类型。

8.1.2 发展阶段与特点

台湾社会企业的发展已有二十多年。其发展始于从事身心障碍者服务的非营利组织，它们推动身心障碍者走出家门、接触社会，开办旨在促进社会融合的培训与庇护工厂。随着组织形态、业务范围、使命多元化的发展，社会企业逐渐步入系统性、稳定化的发展阶段。黄德舜等从发展脉络和组织的生命周期把台湾的社会企业发展分为四个阶段：酝酿期、萌芽期、发展期和成熟期。① 如果从组织的形态来划分，可以把台湾社会企业的发展分为三个阶段：萌芽期、发展期、生态期。

1. 萌芽期（1990~2008年）

在这一时期，台湾社会企业的发展以从事身心障碍者服务的非营利组织和从事社区产业、社区发展的社区发展组织为代表。

在20世纪90年代以前，台湾存在以金融互助系统为基础发展的社会企业雏形，包括民间互助会、合作社与储蓄互助会。但是这些组织更多的是采用互助方式而非商业方式解决社会问题，其扎根的环境需要较厚实的社会资本、人与人之间的关系紧密且信任度高，这与现代社会中社会企业的发展环境迥异，因此可不作为社会企业看待。真正的社会企业发展是台湾"解严"后伴随着社会福利运动兴起的。残障社会福利运动在所有社会福利运动中发展最早、影响最大、成果最为丰富。② 各残障福利非营利组织推动了"残障鼓励法"和相关政策的出台，尤其是劳动部门在2002年制定的"身心障碍者庇护工厂设立及奖助办法"、各县市政府设立的身心障碍者基金专户等，推动了残障领域非营利组织进行商业化发展、成立或转变为社会企业。

20世纪90年代末以来，随着台湾经济的衰退和社会问题的增多，台湾当局开始有意识地推动社会企业在社会各个领域的发展。自1999年"9·21"大地震台湾当局主动推进社会企业以解决灾后重建、高失业率等问题开始，当局职能部门纷纷出台相关政策，通过官方投入推动非营利组织解决社会问题，促进灾区重建，发展社区产业推动社区发展。

在这个阶段，台湾社会企业发展的主要特点是：当局的政策与资源推动社会企业发展，官方与非营利组织协力合作，通过社会创新解

---

① 黄德舜、郑胜分、陈淑娟、吴佳霖等：《社会企业管理》，指南书局，2014，第44页。
② 萧新煌、林国明主编《台湾的社会福利运动》，巨流图书公司，2000，第35页。

决社会问题；作为台湾社会企业发展最早的组织形态——庇护工厂快速发展；非营利组织逐步采用商业手段以达致财务平衡、实现组织使命；社会企业的发展与社区产业、社区发展紧密结合；主要是非营利组织进行社会企业化的尝试。[1]

2. 发展期（2008~2012年）

经过近二十年的发展，台湾社会企业初具雏形与规模。2008年光原社会企业股份有限公司的成立标志着台湾社会企业进入逐渐成熟的发展阶段，这是台湾第一个以公司形态成立的社会企业。企业形态的社会企业的出现，标志着台湾社会企业的发展逐渐成熟，关于社会企业的共识逐步形成。

在这一阶段，台湾社会企业的主要发展特点是：从组织形态上来看，社会企业不仅有非营利组织的附属事业单位、合作社，还出现了以公司形态存在的社会企业；从社会企业的成立来看，不仅是非营利组织，其他企业也逐步开始设立社会企业以实现社会责任，还包括公益创投、公益创业形成的社会企业；从社会企业的业务范围来看，社会企业从过去的弱势群体相关领域逐步跨入更为一般的公益领域；在社会企业的认知上，与企业社会责任之间的区隔明晰，关于社会企业的官方以及学术认知不断加深，社会企业的支持性系统开始出现。

3. 生态期（2012年至今）

这一时期从2012年开始，至今仍处于不断发展的过程之中。随着社会企业的迅速发展，在组织、业务、商业模式等方面均较为成熟的基础上，进一步发展所需要的官方与社会支持系统开始出现。

随着社会企业认知加深与共识的形成，除了各官方部门原有的、结合自身职责而出台的借助社会企业推动相关事业发展以外，社会企业更成为台湾当局推动经济发展、解决社会问题的重要路径，出台了相关政策计划予以支持。根据台湾辅仁大学社会企业研究中心

---

[1] 黄德舜、郑胜分、陈淑娟、吴佳霖等：《社会企业管理》，指南书局，2014，第47页。

的调查，相比上一代群体，台湾年轻一代对社会企业更持肯定态度。台湾现有社会企业超过15%由青年人组成，成立社会企业或在其中工作成为越来越多的大学生的就业选择。社会企业不仅能够在一定程度上解决台湾当前的社会问题，同时也能推动经济向好发展。2014年，为支持社会企业更好、更快地发展，台湾地区行政主管部门提出"社会企业行动方案"，把发展社会企业作为平衡地区发展差异、缩小社会贫富差距、降低失业率的重要举措。2014年也被称为台湾"社企元年"。

信息平台、交流平台、认证标准、人才培养等方面的行业基础设施建设，助推了社会企业的迅速、健康发展。信息平台和交流平台方面，如台湾2013年成立的、力图打造社会企业"一应俱全的华文咨询平台、推广相关理念"的"社企流"，建立起台湾最大的社会企业社群；认证标准方面，如社会企业公约基金会推出的社会企业公约认证规范；人才培养方面，如台湾辅仁大学成立社会企业研究中心，通过发起成立台湾社会企业创新创业学会、开设社会企业硕士在职学位课程、开办社会企业暑期研修营等推动社会企业人才培养。

在这个过程中，社会企业的发展特点主要是：关于社会企业的共识逐步形成，有利于社会企业发展的环境得以形成；社会企业的发展模式开始得以总结、推广；社会企业运营的理论与实践不断加深；社会企业的多元组织形态形成；政策更大范围地介入，立法的探讨不断深入。

8.2 发展概况

8.2.1 分布

台湾社会企业的统计缺乏统一、权威的统计机构，学者的研究更多的是基于个案，因此无法准确统计精准数据。根据台湾辅仁大学社会企业研究中心的统计，以公司形式存在的社会企业可分为三类：第一类是以公司名称登记为社会企业的公司，共47家；第二类是以践行社会目的为主要业务的社会企业型公司，约 200 家；第三类是以践行社会目的为营业范围的广义社会企业，约 1000 家。根据劳动部门的统计，参与官方多元就业开发方案资助的社企型非营利组织有 600 余家。其中社区经济模式类社企型非营利组织包括协会、农会、渔会、基金会等约占总数的 85%，合作经济模式（合作社）和工作整合模式包括社会福利机构、身心障碍者社会团体合计约占 15%。

从业务范围来看，社企型公司的业务范围非常广泛，而社企型非营利组织则更为聚焦。从现有情况来看，前者的业务范围包括文教、咨询、就业、社区营造、农产品销售、生态环保、公平贸易以及其他涉及衣食住行的行业；后者则主要聚焦于社区营造、工作整合、老年照料、弱势就业、公平贸易、农业发展、产业重建等。

8.2.2 类型

根据不同的分类标准与视角可以从不同层面区分台湾社会企业的类型。如根据非营利组织进行商业活动获取资源方式的不同，可以分为如下八种：向受益人收费、贩卖商品、庇护工厂的对外营业、以资源回收方式赚取费用、向第三者收费、直接经营事业、运用组织的声誉收取赠款、办理与任务相关的各种方案；[1] 从社会企业成立路径以及治理方式也可做出相应的分类。这里主要介绍从组织类型和业务发展对社会企业进行的分类。

从非营利组织发展社会企业的组织形态，可以将社会企业分为三种。一是非营利组织下设附属事业体，运作方式结合就业与服务津贴两种模式。其特点是组织自主性高，营运简单，成本较低，但同时创业附属事业体会给非营利组织带来额外的财政压力。二是庇护工厂，倾向于就业模式。这是台湾社会企业的重要组成部分。其特点是专门面向身心障碍者，且有"身心障碍者权益保护法"的规定作为发展依据，以就业为首要目标，人事费用相对较低，且能享受"法律"

---

[1] 陈金贵：《非营利组织社会企业化经营探讨》，新世界智库论坛，2002，第 39～51 页。

和政策规定的产品优先采购。三是非营利组织另设公司。这种类型的社会企业兼具创业与就业目标。其特点是非营利组织的董事持有另一家公司的所有权，通过非营利组织与公司的交互运作来实现组织目标。设立的门槛低，治理结构较为简单。[①]

从组织业务发展角度，台湾社会企业可以分为五类。一是积极就业促进型社会企业。这是台湾最为常见的社会企业，以工作整合为特色，主要关注社会弱势群体如智障者、肢障者、女性、少数民族以及经济或教育方面的弱势者的职业训练与工作机会，这类社会企业在相当程度上依赖官方直接或间接的支持。二是地方社区发展型社会企业。这类社会企业借由社区发展运动产生，其通过自行设立社会企业或扮演触媒、催化、促成的角色，协助当地居民发展地方产业、提振地方经济，提升居民参与商业运作的能力和工作能力。三是服务提供与产品销售型社会企业。这些社会企业提供的产品或服务可以分为两类：其一是提供付费服务，主要是建立使用者付费或部分付费机制；其二是销售其所生产或待售的产品。二者均强调服务或产品与组织自身使命的相关性，即目的相关产品或服务。四是由企业、非营利组织如资助型基金会投资设立的具有发展潜力及快速成长的公司。其存在的目的是通过营利提供资金给非营利组织。五是社会合作社。类似于意大利的合作社，台湾的合作社也包括提供社会、健康、教育等服务为主的合作社和重视弱势群体就业和创业的合作社。

由于台湾目前并没有关于社会企业的专门法规，因此社会企业的分类更多的是根据实践做出的归纳。

8.2.3 特征

基于台湾地区自身的社会结构、经济发展、文化基因，台湾社会企业的发展始于民间，借由官方推动，深耕社区，多元发展。其发展呈现出以下三个特征：

[①] 黄德舜、郑胜分、陈淑娟、吴佳霖等：《社会企业管理》，指南书局，2014，第51页。

一是形态多元、发展不均衡。面对台湾政治自由化与民主化、经济结构转型、社会结构变迁等所形成的挑战与机遇，作为解决社会问题的现实选择，社会企业通过整合官方、社会、市场各自的比较优势获得了较快的发展。社会企业适应现有"法律"的框架，结合自身组织需要而采取了不同的组织形态。目前台湾社会企业可以采用的"法律"组织形态包括：有限责任公司，股份有限公司，基金会，协会，合作社。发展较早、规模较大的社会企业仍然更多地脱胎于已有组织形态尤其是非营利组织，尤其以服务身心智障者的非营利组织为代表。成立社会企业是基于自身需求而采取的应对策略。这种组织类型的社会企业占台湾社会企业的大多数；而作为全新的、面向未来的、社会创新的社会企业组织形态，如公益创投仍然未能得到迅速发展。虽然社会企业逐步从社会服务提供者的角色转换为促进弱势群体参与社会、推动社会融合，仍未能突破传统的社会企业的范围。同时，合作社模式由于受到"合作社法"的限制，且此前台湾非营利组织采用合作社方式运营的经验较少，故仍然处于起步阶段。

二是发展受当局政策影响较大。台湾社会企业的发展受官方影响较大。这一方面有利于社会企业从官方获得人力、资金、场地、销售等方面的政策支持，另一方面也会使得社会企业的发展容易形成对官方支持的财政依赖，相关"法律"的缺失、各部门政策的不一致性均会导致社会企业经常处于无所适从的境地，同时也会对社会企业的自主发展、管理成本等方面形成负担。

三是社区在地化发展。台湾社会企业在社区的发展是台湾社会企业的发展特色之一。这类社会企业采用社区经济模式，以文教议题为主，强调社区为本、社区整体营造概念。通过深耕社区且在地化发展，将社区发展与弱势群体服务相结合，通过文化传承与推广，推进社会企业的在地化发展并实现组织使命。同时非营利组织注重城乡差异的特征也使得与农业相关的社会企业成为台湾社会企业的重要组成部分。社会企业在社区的在地化发展也决定了社会企业规模以小型甚至是微型为主。

8.3 政策环境

台湾社会企业兴起与发展的时期，正是台湾社会服务发展的黄金时期。台湾当局对社会服务的投入、相关的政策"立法"均推动了非营利组织的迅速发展。诸多"法律"条文中明确规定官方社会福利服务事业须与非营利组织结合，构建二者的伙伴关系。在这个过程中，政府对由非营利组织发展的社会企业提供了较大的助力，主要体现在：人力的支援，物品与服务销售的协助，官方给予非营利组织承租土地与建筑物的特许权，政治人物协助促销社会企业产品。

8.3.1 "身心障碍者权益保障法"

1997年"身心障碍者权益保障法"的修订定位于推动就业以促进身心障碍者的社会融合。除了一般职场就业，开始发展庇护工厂模式，非营利组织开始从事营利行为并逐渐商业化。2007年再次修订时，第69条明确规定：身心障碍福利机构或团体、庇护工厂，所生产之物品及其可提供之服务，于合理价格及一定金额以下者，各级机关，公、私立学校，公营事业机构及接受官方补助之机构、团体应优先采购。之后制定"优先采购身心障碍福利机构团体或庇护工厂生产物品及服务办法"加以落实。

劳动部门制定的"身心障碍者庇护工厂设立及奖助办法"规定，非营利组织庇护工厂的专业辅导人员的聘用可以向官方申请人事费补助，同时可以申请用身心障碍基金专户的资金来雇用人员。

8.3.2 多元就业开发方案

台湾地区劳动部门参照欧盟1997年提出的"第三系统就业与区域发展"政策，结合"9·21"大地震后实施的以工代赈、灾区就业大军就业方案及永续就业工程计划的本土经验，于2001年提出"多元就业开发方案"，借助第三部门的社会活力，由民间团体研究并提出具有地方特色及创意的计划，与官方携手创造弱势失业劳工在地就业之机会，推动官方与民间团体建立合作关系推动就业发展。方案结合创意性、地方性及发展性计划，如文化保存、工艺推广、照顾服务或环境保护等，改善地方整体居住环境及生活条件，促进在地产业发展，带动其他工作机会，引导失业者参与计划工作，重建工作自信心，培养再就业能力。截至2014年12月底，共推动8000余项计划，协助逾12万名失业者再就业。

8.3.3 多元培力计划

2009年莫拉克风灾之后，为应对灾后家园、产业、生活、文化重建等需求，台湾地区劳动部门于2010年在灾区推出计划类型不限且操作模式较弹性、资源较为充足的培力就业计划，由官方与民间团体合作创造灾区就业机会，共同推动灾区重建工作。

为推动企业积极参与灾后重建，并推动社会创新，培育相关人才，培力就业计划于2011年改革以前的单一的弹性补助模式，扩大实施区域与计划范畴，新增产业转型或创新、社会性事业创业、特定群体之创业或就业支持系统及区域再生发展或促成服务、产业之垂直或水平整合计划，提供职业训练、辅导及长期陪伴资源，结合民间团体、官方部门及企业单位之人力与资源，通过充分对话，激发社会力，建立官方及民间合作伙伴关系，并以培力就业计划作为官方与民间合作推动发展社会企业的辅导或育成平台，协助民间团体发展社会企业。培力就业计划补助项目包含用人费用、其他费用、职业训练及咨询陪伴等费用。计划截至2014年12月底，已推动136项计划，协助2000余名失业者再就业。

8.3.4 社会企业行动计划

2014年5月，时任台湾地区领导人的马英九提出要鼓励青年投身社会企业。2014年9月，台湾"经济部"又正式推出"社会企业行动方案"，提出营造有利于社会企业创新、创业、成长与发展的生态环境。其目标有三：提供友善的社会企业发展环境，架构社会企业网络与平台，强化社会企业经营质量。具体策略包括：修改"法律法规"，即依据社会企业发展需求推动"法律"制定或修改；建平台，即加强宣传，建立社会企业平台，推动社会企业与商业企业合作；筹资金，即导入各方资源，为社会企业经济提供资金支持；培育发展，即建立社会企业培育发展机制，成立专业辅导团队。

为鼓励社会企业发挥作用，方案对社会企业概念兼采广义与狭义操作性定义。广义的社会企业泛指透过商业模式解决特定社会或环境问题的组织，其所得盈余主要用于本身再投资。在组织形态上可以一般营利事业或者非营利组织之形态存在，关注类型多元包括弱势关怀、在地发展、生态环保、公平贸易等。狭义的社会企业有三个标准：一是组织章程应明确以社会关怀或解决社会问题为首要目的；二是每年的会计年度结束时，财务报告需经会计师审计并以此申报及公告社会公益报告；三是组织当年度可分配盈余至少30%保留用于社会公益目的，不得分配。

方案暂由经济部门、劳动部门、卫生福利部门作为推动单位，合计3年投入1亿6120万元，具体目标是三年内孵化100家新创社会企业，协助50家社会企业参与国际论坛，完成200件社会企业辅导案例。由部会编列公务预算及相关基金预算，未来其他部门结合现有资源并提出经费计划以共同推动。方案纳入相应的监督考核机制，各部会应研究提出社会企业发展具体相关措施或活动计划。

除了上述政策支持以外，其他官方部门也推动相应的计划推动社会企业的发展，如文化部门制定的"加强投资文化创意产业实施方案计划"引入民间创投资源、台北市"身心障碍者就业促进服务方案"和"社会企业发展身心障碍者就业辅助办法"对社会企业人事及其他相关费用的补助，卫生福利部门的照顾服务产业政策等。

8.4　发展趋势

台湾社会企业的发展受到整个社会环境、法制环境、政策发展的变化和影响，同时企业也顺应时代的变化越来越重视社会责任及其实现方式。基于社会问题的增加与不断复杂化、社会企业运营管理的专业化、社会创新的不断出现,台湾社会企业未来可能出现的发展趋势如下:

一是社会企业的概念、组织形态将进一步清晰,关于社会企业的共识形成,社会企业发展的环境更为友善。同时社会企业会更多地被看作一种社会运动或者通过创新而达致社会变革的方式,而不是或不仅仅是解决社会问题的工具或为社会福利提供机构。目前台湾关于社会企业的两个草案虽然对社会企业采用了不同的定义与规制方向,但是随着社会企业实践的不断深入,未来关于社会企业的基础认知会达成一致。

二是"法律规范"将依据社会企业的发展进行调适,且可能出台专门"法律"。2014年台湾地区民间与官方均开始尝试推动社会企业立法并有相关草案发布。民间版本的"公益公司法"草案以创业为主题,强调公益公司以公益为目的按照一般公司模式经营,定位于"公司法"之特别法。台湾地区劳动部门推动的"社会企业发展条例"草案,以非营利组织或合作社为适用对象,通过定义社会企业、建立辅导中心、筹设发展基金、强化人才培育、税收减免等方面的措施,尝试建立社会企业的支持系统。比较这两部草案,可以发现二者在立法思路、社会企业概念、发展思路等方面存在诸多差异,关于社会企业的立法还未能取得共识。两部草案虽然均面临来自各方的挑战,却是迈向社会企业法制化发展道路的宝贵尝试。

三是社会企业的商业运作将日趋成熟,更为有效地平衡商业手段与社会使命,以防止出现使命的漂移。社会企业相关的管理议题包括价值创造与评估、商业模式、经营策略、资源管理、财务管理等,将随着社会企业的发展而进一步深化,与此相对应的系统化方法和量化指标将推动社会企业绩效管理的提升。

四是社会企业的本土化、社区化特征更为突出。基于台湾的社会环境、官方政策以及社会组织自身的运营优势,社会企业更注重扎根社区。通过社区文化的传承、社会产业的发展、社区经济的发展、社区居民权益的保护,随着经济部门推进地方型产业经济化、"文建会"的产业文化化、"客委会"推进的新客家运动等一系列社区文化产业的推动,非营利组织势必面临商业化的调整问题,上述两个因素会使得微型社会企业成为主流。

五是社会企业发展的支持系统得以建立和完善。涉及社会企业税收、创业辅导、优先采购等相关法规、政策的不断出台,融资、咨询、培训、能力建设等社会支持网络逐步形成,行业自律、社会问责成为社会企业健康发展、坚守其核心价值和使命的保障。

六是跨界合作。随着社会企业的多元化发展,其已经不仅仅作为解决社会问题的政策和实践工具,更重要的是逐渐形成新的价值面向:通过社会创新,合理运用商业模式,创造社会价值。社会企业不仅仅在同类组织之间推动联盟建设,更强调与商业企业的合作,共同形成产业链。

参考文献

[1] 陈金贵:《非营利组织社会企业化经营探讨》,新世界智库论坛,2002。
[2] 黄德舜、郑胜分、陈淑娟、吴佳霖等:《社会企业管理》,指南书局,2014。
[3] 萧新煌、林国明主编《台湾的社会福利运动》,巨流图书公司,2000。
[4] 官有垣、陈锦棠、陆婉萍、王仕图等:《社会企业:台湾与香港的比较》,巨流图书公司,2012。

第九章 台湾非营利组织与社区营造

蓝煜昕[*]

【本章摘要】 本章主要介绍台湾社区营造的背景与历程，阐释社区营造的理念与方法，分析非营利组织参与社区营造的角色与功能。

台湾社区营造是非营利组织进行社会参与的重要领域，也是对台湾基层社会治理乃至台湾政治生态具有深远影响的一场社会运动。在中国大陆创新社会治理和推动社区建设的背景下，台湾的社区营造经验因为其文化背景的相似性而最有借鉴之处。在目前已有的不少介绍台湾社区营造的文献基础上，进而结合非营利组织的主题，本章侧重在对照已有经验的意识下梳理台湾社区营造的特定背景与特征，并考察非营利组织在其中的角色。本章试图回答以下几个问题：台湾社区营造是如何发轫和兴起的？有哪些具体做法和特征？非营利组织在其中发挥什么样的角色？台湾社区营造及非营利组织的参与对我们有何启示？

9.1 台湾社区营造的背景与历程

在探讨台湾社区营造的背景和历程之前，有必要先了解什么是社

---

[*] 蓝煜昕，清华大学公共管理学院助理教授、清华大学公益慈善研究院院长助理，《中国非营利评论》执行主编。

区营造。根据台湾社区营造学会的理解,"社区"是指"一群特定的居民附着于特定地理范围,在此地域内从事各项活动,彼此间并存着相互的依存关系及共同归属感,共享公众生活有关的目标、需求或利益,形成具有社会、心理及文化等关系的共同体,甚至是对外自主及对内互助合作的社会体系"。这一对"社区"的理解包含了地域概念,又更强调了"社群"或"共同体"意涵。在此界定下,台湾的社区营造是"为了在趋于冷漠而疏离的邻里中恢复或重建社区感,从而进行的一连串持续的过程"[1]。从实践上来说,社区营造到底做些什么工作呢?通常说来,台湾社区营造主要针对人、文、地、产、景五类议题来开展建设活动[2]:"人"是指社区居民个体需求的满足、人际关系的经营;"文"是指社区历史文化的挖掘、传承以及文艺活动的开展;"地"是指地理环境的保育、维护和特色发扬;"产"是指社区产业及经济活动的经营;"景"是指社区公共空间的塑造、生活环境和景观的优化。社区营造正是通过动员这些具体议题方面的行动,实现居民的参与,从而达成重建邻里关系和社区感的目的。

9.1.1 台湾社区营造的政治社会背景

一般来说,人们认为台湾社区营造起始于1994年"文建会"(台湾"行政院"下设的"文化建设委员会")推动的"社区总体营造"政策概念。1993年10月,当时台湾的"文建会"主委申学庸在"中国国民党中央常务委员"专题报告中,提出要"透过文化发展的策略,来重建社会意识与社会伦理秩序的长远目标";1994年,"文建会"向"立法院"提出施政报告时明确提出"社区总体营造"这一名词,该词以"建立社区文化、凝聚社区共识、建构社区生命共同体"的概念,和"一类文化行政的新思维与政策"作为主要目标。"社区总体营造"概念整合了当时关于社区软硬件建设的新观念和操

---

[1] 社区营造学会:《什么是社区营造?》,载王本壮、李丁赞等编著《落地生根:台湾社区营造的理论与实践》,唐山出版社,2014,第2页。

[2] 人、文、地、产、景的五方面议题区分来自日本经验。

作方式，期待从文化建设角度切入以建立台湾基层社区的共同体意识，代表了台湾社区建设在政策思路上的转型，即改变过去自上而下的施政方式，强调自下而上的自主性发挥。时任"文建会"副主委的人类学家陈其南与申学庸一起，带领"文建会"着手推动了台湾"社区总体营造"的政策实践。随着新理念的广泛传播和政策资源的大量投入，台湾的社区营造实践成为全球范围内社区建设的重要景观。

台湾社区营造兴起的动力在哪里？又有什么样特定的背景呢？仔细探究可以看到，台湾社区营造的兴起是对当时台湾所处经济发展阶段呈现出的现实社会问题的深刻回应，并根植于台湾特定的政治文化，乃至群体关系之中。

首先，社区营造是对台湾快速工业化及经济不均衡发展的直接回应。20世纪60~70年代，台湾在美国经济援助和出口导向型经济政策的刺激下，实现了快速工业化和经济腾飞。这至少给社区带来两方面的问题。一是快速工业化造成的环境危机。在城市，工业化和城市化进程快速加重了城市的环境负荷，并带来大量邻避型设施（如变电所、加油站、停车塔等）的建设，给社区带来了极大挑战；在农村，大型区域性邻避设施和污染型工业，如垃圾焚烧炉、化工设施、大型水库建设等，严重威胁了当地居民的生存。二是城乡经济发展不均衡及城乡移民造成的认同危机。工业化大生产及资源在城市的集中，使得乡村居民大量流向城市，在乡村社会和老市区中均引发归属感和认同问题。传统的文化形式和文化活动萎缩，表彰社区历史的人间素材散失，社区独特的地景、建筑破败，如此种种均在割裂人际的认同、纽带和生命的意义感。自20世纪80年代初起，台湾开始出现社区层面的集体行动和社会冲突，比较有影响的比如鹿港反杜邦、美浓反水库等运动；20世纪80年代末，以20世纪50年代出生为主力的地方知识分子开始在各地成立文史工作室，试图重新挖掘和拥抱台湾文化。

其次，社区营造是台湾20世纪80年代社会运动的延续，是政治"解严"后社会活力与自主性的自然释放。20世纪80年代是台湾政治社会风云变幻的年代，各类社会运动如消费者运动、保育运动、反核运动、环境运动、劳工运动、妇女运动等都在这一时期兴起。尤其1987年台湾解除长达38年的"戒严令",党禁、报禁、集会游行、结社等一系列限制解除,社会运动更是风起云涌,民间社会获得更为自主的发展空间[1]。政治"解严"也成为前述环境危机和认同危机下社区运动更为蓬勃的重要条件。社区总体营造概念和政策的产生本身正是接续了"解严"后台湾民间社会兴起的时势,为出现在各地的草根力量在理念与行动上提供引导,社区营造在这样的背景下才顺应时势、蔚为风潮[2]。

再次,台湾社区营造背后有深刻的政治理想,是部分推动者有意识推动台湾公民社会发展和政治民主化的过程。正如台湾清华大学社会系教授李丁赞所分析,20世纪80年代台湾社会运动黄金十年存在的重要局限在于,社会运动挑战了政治体制,但对于社会内部的价值规范和社会关系却无能为力[3]。以农民运动为例,参与运动的农民从台北示威返乡后,依然回到当地生活世界中,依然在地方派系和"桩脚"[4] 政治下参与民主投票。所以一些民主人士意识到要改造社会必须有更"基进"的做法,主张回到土地、回到社区、回到生活、回到文化,而不仅仅是注重政策或"法律"的变革。"文建会"副主委陈其南是社区营造的重要推手,他本人即对此有系统论述[5],并大力鼓吹公民运动,认为公民社会得以运作的基础保障在于社会道德与生活习俗所共同构成的社会契约。可见,社区营造从一开始就有着非常鲜明的民主化目标,希望通过推动社区总体营造,在地方自主运作的过程中慢慢建立起公民社会的文化基础,进而深化民主。

---

[1] 萧新煌、何明修:《台湾全志·卷九·社会志·社会运动篇》,"国史馆"台湾文献馆,2006,第73页。
[2] 曾旭正:《从社区发展到社区营造》,载王本壮、李丁赞等编著《落地生根:台湾社区营造的理论与实践》,唐山出版社,2014,第13页。
[3] 李丁赞:《社区营造与公民社会》,载王本壮、李丁赞等编著《落地生根:台湾社区营造的理论与实践》,唐山出版社,2014,第20页。
[4] "桩脚"是指选举中在基层为候选人固桩拉票的工作人员,多为对该地方的政治熟悉并有一定影响力的人士。
[5] 陈其南:《公民国家意识与台湾政治发展》,台北允晨,1992。

9.1.2 台湾社区营造的历程

自 1994 年"文建会"推动"社区总体营造"以来,台湾社区营造已经历 20 多年的历程,这一历程根据一些关键的事件节点可以分为几个阶段(见表 9-1)。为了更好地理解社区营造历史,表 9-1 中也对 1994 年之前作为社造"史前期"的台湾社区发展进行了描述。

表 9-1 台湾社区营造历程中的重要事件节点

时间	事件	内容/特征	影响
1965	"行政院"将"社区发展"列为社会福利措施七大要项之一	在美国援助台湾的背景下(尝试提升台湾社会自治力量),经由联合国专家引入的"社区发展"概念	"社区发展"概念引入
1968	"内政部"提出"社区发展工作纲要",台湾省推出"社区发展八年计划"		
1972	台湾省扩展"社区发展十年计划"	自上而下主导,鼓励成立社区理事会、社区发展协会,官方界定工作,下拨资源	20 世纪 70 年代成为台湾社区发展政策极盛时期,同时也助推了 80 年代的地方派系发展和"桩脚"政治
1987	台湾"解严"		社会全面松绑,社区运动蓬勃兴起
1994	"文建会"推动"社区总体营造"政策	以政策概念提出,并于当年推出具体计划,如"充实乡镇展演设施计划"、"辅导美化地方传统文化建筑空间计划",以文化、空间改造为主题	标志着通常意义上台湾"社区营造"的肇始,强调自下而上和社区自主性发挥
1995	"文建会"推出"社区总体营造奖助办法"	从空间主题扩大到更广泛的社区议题。对社区提案提供小额补助	

续表

时间	事件	内容/特征	影响
1996	县市级社区营造试点	"文建会"选定宜兰、新竹、高雄、屏东推动试点计划	
1996	台湾社区营造学会成立	李远哲任理事长,推动相关学术、实践网络形成	
1997	"环保署"推出"生活环境总体改造计划"		社区营造理念扩展到其他官方部门
1998	"经建会"推出"扩大国内需求方案——创造城乡新风貌计划"	官方编列两年100亿元台币经费用于实质建设,由地方当局提案来争取	标志着大规模预算注入社区协力政策
1999	"9·21"大地震	"文建会"提出"9·21永续家园社区再造方案"、教育部推动"新校园运动",均强调社区动员和自发性参与	"社区营造"从理念到大规模实践得以推进的重要契机
2000	台湾政党轮替"行政院"推动"社区营造替代役"及推动社区总体营造委员会成立	设立"社区营造替代役",提供人力;"行政院"推动"社区营造心点子创意征选",跨部会成立整合协调机制"社区总体营造委员会"	为社区营造提供人才和执行机制
2001	"行政院"通过"创造台湾城乡风貌示范计划",包括一项"新故乡社区营造计划"	执行期4年,强调社区提案,鼓励市县政府推广"社区规划师"制度,培养社区空间改造专业者	
2002	"行政院"提出的"挑战2008——台湾发展重点计划","新故乡社区营造计划"成为其中第十项重点计划	二部四会二署分工执行7大主轴62项计划,涵盖"人文地产景"五大主题,三年编列经费171亿元	社区协力政策更大幅度在当局扩展,"文建会"协调各部门推进
2003	"新故乡社区营造计划推动办公室"设立	由"文建会"委托社区营造学会承办,成为重要的协调、执行机构	

续表

时间	事件	内容/特征	影响
2005	谢长廷担任"行政院长",将"新故乡社区营造计划"重整为"台湾健康社区六星计划"	具体界定社区营造行动的范畴:治安、人文教育、社福医疗、产业发展、环保生态、环境景观	
2008	台湾政党轮替	更关注农村社区,提出"农村再生计划";"新故乡社区营造计划"等计划有所削弱	整体上社区协力政策有所减弱;社区营造主导权下放地方当局
2010	"立法院"通过"农村再生条例"	社区执行规划工作,提出"再生计划",当局据此投入经费进行实质建设	
2012	"文建会"改制为"文化部"	"文建会"体系推动社区营造的资源进一步缩减	

资料来源:本表为本章作者自行绘制,并附上了"社区营造"概念之前台湾社区发展重要的历史节点。

(1) 社区营造之前台湾的社区发展阶段:1965~1993年

国民党退踞台湾之后,最早推行的社区政策发轫于1955年的"基层民生建设运动",主要目标是改善基层人民生活。20世纪60年代,在美国的援助下,联合国顾问进入台湾,引入"社区发展"概念。"社区发展"工作始于"行政院"1965年颁布的"民生主义现阶段社会政策",该政策确立社区发展为台湾社会福利措施之一。随后1968年,"内政部"出台具体的"社区发展工作纲要",台湾省也配合出台"台湾省社区发展八年计划",后改为十年计划,主要包括社区公共设施建设、生产福利建设和精神伦理建设三大面向。

在这一阶段,尽管联合国经济社会理事会对"社区发展"的界定强调居民自助、社区自治,但台湾社区发展政策的整体特征是自上而下、官方全面主导。具体的操作模式通常是官方选定社区,鼓励其组成社区理事会、社区发展协会,官方补助经费推动三大面向的工作。例如公共设施建设即官方补助建设社区活动中心、改建围墙、设置社区入口标识、修建社区道路等。在这种模式下,台湾基层社区在硬件设施等方面有所改观，但社区发展的自发性严重不足。

值得一提的是，由于政策的诱导，社区发展协会成为村里办公室之外、地方争取官方公共资源的渠道。这一点造成20世纪80年代地方派系蓬勃发展时，社区发展协会与村里办公室双双成为地方派系争夺选票的两个"桩脚"地盘：当同一派系掌握两个地盘时，社区发展协会理事长成为村里长卸任后的当然去处，社区发展协会独立自主性丧失；当不同派系分别掌握两个地盘时，则二者相互激烈斗争。这种形态在20世纪90年代的延续成为后来社区营造的重要绊脚石。

（2）社区营造的起步阶段：1994～1999年

从1994年提出"社区总体营造"到1999年台湾"9·21"大地震之前，"社区营造"重点在理念传播，实践主要限于少数试点和各地一些基本条件的创造。这阶段主要的进展包括三个方面。

一是支持了一些试点并取得成果。"文建会"推出"充实乡镇展演场所设施"、"美化地方传统文化建筑空间"等计划，以这些计划携带的官方公共资源为抓手，挑选一些有社区营造基础的社区支持试点工作，如新港镇大兴路的拓宽项目就得到"文建会"试点支持，并成为台湾社区营造的早期明星。1995年11月，"文建会"进一步通过了"社区总体营造奖助办法"，界定了鼓励社区提案的方向，让社区团体可以随时提出申请。虽然当时提供的补助额度不大，都在30万元台币以下，但极大地鼓励了起步型社区在文史、艺术、人才培训、产业试验等方面的尝试，成就了一批后来在社区营造上有所表现的社区。

二是经过"文建会"的大力倡导，社区营造理念得到广泛传播。初期，"文建会"组织专家学者组成演讲团，在台湾二十一个县市进行巡回演讲，在全岛各区邀请学者专家、文艺界代表、社区专业工作者、基层社区干部代表、社区刊物主编召开分区座谈会，通过出版、电视等多种渠道宣传社区营造理念。1997年在宜兰举办的全台"社区总体营造博览会"吸引了35万人参观，收效巨大。同时，社区营造理念也传播到官方其他部门和地方当局，如1997年"环保署"推出"生活环境总体改造计划"，鼓励社区动员义工从"清净家园"做起；1998年，台湾省政府文化处推动"校园我的家"计划,以校园为对象,强调"参与"精神。

　　三是初步形成由一批专业人才和组织构成的社区营造网络。自1996年起,"文建会"分别针对大专青年学生、地方文史工作者、基层行政人员和社区民众开设研讨课程,对各级行政人员举办社区文化重建研习营、社区艺文活动文化人才研习营等。同时,与社区营造相伴的是各地"文史工作室"的蓬勃发展,1992~1996年是全台各地文史工作室发展最蓬勃的阶段,一些返乡的或地方知识分子深入挖掘本土文化,草根文史工作蔚为风潮,并成为社区营造网络的重要组织形式。1996年,由李远哲任创会理事长的台湾社区营造学会成立,成为相关学者、组织、一线工作者沟通互动、资源整合的重要平台。在这一段时期理念和政策的激励下,各地文教基金会也纷纷成立,成为社区营造的支持性组织及重要资源来源。

　　1998年,台湾经济受全球金融危机影响,为了配合扩大内需政策,台湾当局额外编列两年100亿元台币经费用于实质建设,"经建会"在该计划中拟定"创造城乡新风貌计划",由地方当局提案争取,这成为大规模预算用于社区营造的起点。

　　(3)社区营造的全面提升阶段:2000~2007年

　　1999年台湾"9·21"大地震以及2000年的政党轮换将社区营造带入一个新的阶段得到大量公共资源注入,社区营造从理论到实践全面提升。"9·21"大地震重创台湾中部,众多社区亟待重建,为社区总体营造理念的实践提供了机遇。灾后的社区、校园重建成为台湾社区协力政策大规模推进的一次重要经验,这个过程中产生了多个出色案例,如南投县桃米社区的重建。

　　2000年,"行政院"推动了两项重要的措施:一是在替代役制度[①]中

[①] 替代役(Substitute Military Service)是台湾地区所实施的服役方式之一,此外尚有常备兵、补充兵、体育补充役等服役方式。替代役的主管机关为"内政部"役政署。替代役构想源自早实行于欧洲的社会役,服替代役的役男不需进入军事单位,而在其他当局机关中服役。该制度于2000年1月"立法"通过。

特别设立"社区营造替代役",具体由"文建会"负责培训管理,为社区营造提供了人力资源;二是针对官方各部门计划分散的情况,为了整合各部会社区营造资源,成立了"行政院社区总体营造工作推动及协调委员会",使得社区总体营造初步建立起超越"文建会"层级的更广泛的协调机制。随后,为鼓励地方创意,结合地方民间组织及社区民众自主参与及经营社区风貌、总体发展,"行政院"推动了"社区总体营造心点子创意征选"活动。

2002年,拟定"挑战2008——台湾发展重点计划"作为行政蓝图,其中第十项重点计划确定为"新故乡社区营造计划"。该计划涵盖人、文、地、产、景五大主题,由七项分计划构成,二部四会二署多部门参与执行。由此台湾社区营造的推动提升到前所未有的高度。

2003年,"文建会"成为"新故乡社区营造计划"的核心推动部门,并委托台湾社区营造学会成立特别的推动办公室来整合、协调各部门行动,出台统一的政策说明书,设立"社区通"网站。2005年,台湾当局继续支持社区营造,将"新故乡社区营造计划"调整为"台湾健康社区六星计划",更为清晰地界定了社区治安、人文教育、社福医疗、产业发展、环保生态和环境景观六大社造主题。

(4)社区营造的降温与常态化阶段:2008年至今

2008年台湾迎来了再次政党轮换,"挑战2008——台湾发展重点计划"也随之结束。在新的执政思路下,尽管原有"新故乡社区营造计划"、"创造台湾城乡风貌示范计划"等名义上分别维持到第二期、第三期,但官方层面公共资源的投入相对减少,尤其"文建会"的推动力量减弱,社区营造降温,恢复到一个持续深耕的常态化阶段[①]。

这一阶段,"文建会"将社区营造的主导权交给地方当局,由县市

---

① 曾旭正也将这一阶段认为是"社区协力政策的顿挫",认为无论是资源投入量还是投入理念都有所削弱。笔者认为社区营造是一个长期的过程,而政策关注点转移以及资源投入的下降是正常现象,只能说明台湾社区营造恢复到一个需要依靠各方面资源来持续深耕的常态化阶段。

文化局来提出富有当地特色与需求的社区营造计划，"文建会"再依据计划内容核定补助经费。自此，在"文建会"（2012年改制为"文化部"）的推动体系中，地方文化局成为社区营造推动的重要的平台。

国民党重新执政后，在社区方面更关注的是农村问题，并投入大量资源。2008年，"行政院"将"农村再生计划"列为2008年"爱台十二建设"之一。2010年，"立法院"通过"农村再生条例"，分10年编列1500亿元台币"农村再生基金"，用于农村社区整体环境改善、公共设施建设等。"农村再生计划"主要由"农委会"在推动，以水保局为执行单位，仍然由社区自己提出"再生计划"，官方据此投入经费的"自下而上"操作方式。不过"农村再生计划"受到不少批评：一方面这一政策与其他部会原本就在推动的相关政策产生竞合关系，如"环保署"的清净家园和低碳永续家园、"文化部"的社区营造、"劳委会"的多元就业方案等；另一方面批评认为这个计划裹挟过多资源、急于求成，并不符合社区营造的规律，反而可能对既有的社区营造进程产生破坏。

值得说明的是，上文说2008年以来台湾的社区营造有所降温，更多是官方资源和公共政策层面的观感。经过20多年的理念普及和实践，社区营造成为台湾"二十年来影响最深也最长远的文化论述与文化政策"[①]，对台湾大众的社区观念、公民意识、本土意识都产生了非常深远的影响。一旦观念确立，即使官方的资源投入减弱，社区营造也将在社会自主力的推动下长期持续和深耕；社区营造在台湾甚至已经成为一门学科，无论在学校教育或社会教育中都可以看到以之为名开设的课程。

9.2 台湾社区营造的理念与做法

9.2.1 社区营造的核心理念

从某种意义上讲，"社区营造"本身是一种理念，而并非某项具

[①] 李永展：《开展参与之网，创造更美好的世界》，王本壮、李丁赞等编著《落地生根：台湾社区营造的理论与实践》，唐山出版社，2014，序言。

体的工作。如前文所述,具体的社区建设内容实际上包罗万象,至少包括人、文、地、产、景五大主题,而在台湾的语境下,判断这些具体的社区建设工作是不是"社区营造",则取决于它有没有符合"社区营造"的理念。

作为一个由文化部门发起的政策概念,"社区营造"的释义和叙述中包含了最重要的两个面向:一是公民社会的培育,强调自下而上、重建社区的自主性和可持续性,在人们的生活场景中培养参与意识和公民精神;二是与资本主义下的经济"全球化"、社会"同质化"相对应的"地方化",强调文化的在地性和多元文化保存,以及基于地方纽带的小共同体重建。

社区总体营造政策的推手陈其南在其《社区总体营造与生活学习》一书中指出:"社区总体营造代表一种思维模式,由'中央'主导转化为地方主导,由资源供给者出发的立场转由生产者出发的立场;以'社区共同体'的存在与意识作为前提目标的,借着社区居民参与地方公共事务、凝聚社区意识;经由社区自主能力,建立属于自己的文化特色;使社区居民共同经营'产业文化化'、'文化产业化'、'文化事务发展'及其他相关文化活动。因社区居民的自主参与,使生活空间获得美化,生活品质得以提升,文化经济产业再行苏醒,使得原有地貌焕然一新,促进社区活力。"[①]

鉴于此,台湾社区营造理念包括以下要求。

(1) 鼓励社区居民自下而上参与公共事务。传统的社区建设和官方资源投入采取自上而下的方式,居民没有参与决策的权利,建造的许多设施无人使用,造成社区资源的浪费。社区营造强调社区建设要有居民自下而上的参与,强调社区议题的解决动力来自于居民自己。

社区营造的这一理念在台湾催生了一类新的政策——社区协力政策。社区协力政策的执行方式与一般政策明显不同,尤其在公权力的

[①] 陈其南:《社区总体营造与生活学习》,台湾"文建会"编印,1996年。

介入和公共部门资源的投入模式上有完全不同的逻辑：资源投入不是由官方直接下拨分配，而是制定一系列有明确自组织发展目标指向的引导、示范性计划，社区自己提出营造目标和方案后再申请官方资金，也即官方的资源投入是基于社区居民自下而上参与社区公共事务的前提之上。

同时，社区营造计划在具体的执行、实施中，也要求居民充分参与，吸纳居民的需求和在地文化、技艺元素。例如在台湾社区工程执行中广泛实践的"雇工购料"模式，在社区营造方案确定后，官方资金并不采购第三方施工单位服务，而鼓励社区内部组织社区上班，自己动手重建家园。

（2）建立社区共同体意识。明确社区营造的目的并不仅仅是硬件上的，而是要重构社会关系，活化社会资本，营造社区共同体。过往农业社会中，人与人之间的关系和互动是十分紧密而相互依存的，这种紧密的邻里关系使居民之间存在一种"社区感"。在经济社会发生变迁的情况下，乡村因人口流失而丧失了原本的情感联系；城市则缺乏天然的纽带，人与人之间冷漠疏离。社区营造的核心便是要在趋于冷漠与疏离的邻里中恢复、重建"社区感"。

建立社区共同体意识与社区参与密切相关。一方面，共同体意识不可能凭空产生，而需要围绕具体的社区议题，在生活场景的合作、互动中，在凝聚共识、积极参与中发展出"祸福与共"的感情和彼此的联系；另一方面则强调，社区营造不仅仅是硬件设施的建设，而是要从这些具体公共事务的参与过程中建立共同体意识。

（3）营造一个新文化、新社会与新社会人。这是台湾社区营造在整个社会尺度上的终极目标。倘若社区营造在全社会层面展开并取得成功，这就是在塑造新的文化、新的社会、新的人。新文化是一个超越传统儒家伦理道德的、尊重权利而又承担公民责任的文化，是尊重多元性、在地传统而包容的文化；新社会是一个有秩序、礼貌、安全而适合人居住的社会，更是一个民主的、人们积极参与公共事务的社会；新的人则是在新文化、新社会中追求生活品位、文化品性和具有公民精神、民主意识的人。

可见，社区营造不仅仅是要复兴社区，而是要改造文化、改造社会、改造人，在宏观层面上蕴含非常深远的目标和理想，是一个系统的社会工程。

9.2.2 社区营造的内容

基于上述理念，社区营造的实施即通过具体社区议题的讨论、行动等刺激，引发居民对自我权利与地方事务的关心，再以渐进的方式由民众主导社区营造的进行，使一个地方和社区重新恢复生机与活力。从社区营造议题或主题上来说，根据陈其南、陈瑞桦于1998年的描述，主要关注如下十方面具体内容[①]：

（1）社区环境景观的营造；

（2）地方特有产业的开发与文化包装；

（3）古迹、建筑、聚落与生活空间的保持；

（4）民俗、庙会、祭典与地方生活文化的展现；

（5）地方文史、人物、传说、典故的整理呈现；

（6）现代文化、艺术、生活、学习与学术研究的设施与活动；

（7）地区与国际交流活动；

（8）生活商店街的营造；

（9）社区形象与识别系统的创造；

（10）健康福祉与游憩住宿的品质设施。

但显然上述内容主要还局限于"文建会""社区总体营造"体系的工作，甚至只是社区总体营造前十年的工作内容。在这一时期，台湾当局各部门在社区营造的理念下，各有各的侧重点，并推出了一系列相关计划，如："文建会"早期推动的主要有"社区文化活动的发展"、"充实乡镇展演场所设施"、"辅导县市主题展示馆设立及文物馆场充实"以及"美化地方传统文化建筑空间"四大计划；"内政

---

① 陈其南、陈瑞桦：《台湾社区营造运动之回顾》，《研考报导季刊》1998年第41期，第21~37页。

部"则推"福利社区化"及"创造城乡风貌计划",分别关注社区福利、弱势群体需求和城乡生态环境改善;"经济部"推"形象商圈"、"商店街开发"、"社区小企业辅导"及"地方特色产业辅导"等计划,主要关注社区产业及经济发展;"教育部"推"社区大学"、"学习型家庭"计划,主要关注社区教育;还有"环保署"的"生活环境改造计划"、"卫生署"的"社区健康营造"计划等。

当然,社区营造的内容在过去20多年历程中,随着政党轮替和政策变迁,在不同的时期有不同的侧重。例如:"文建会"主推的"新故乡社区营造计划"在2008年以后拓展到主要关注行政社造化(培养行政人员的社造精神)、社区文化深耕、社区创新实验(鼓励地方和社区创新发展)三大重点工作[①];2010年以后由"农委会"主推的"农村再生计划"则主要关注农村社区整体环境改善、公共设施建设、个别宅院整建、产业活化、文化保存与活用、生态保育、土地分区规划及配置公共设施构想、后续管理维护及财务计划等。

上述内容总体来说包含在本章初所提到的人、文、地、产、景五大主题中,或者没有太多超出2005年推动的"台湾健康社区六星计划",即社区治安、人文教育、社福医疗、产业发展、环保生态、环境景观。另外,台湾社区营造在主题、议题上是非常丰富的,然而社区营造的主题本身并不重要,或者对某一个具体社区来说,主题是由社区所面临的问题来决定的。上述社区营造的主题只是凝聚社区常见的切入点,最终能够实现的成功的社区营造则是一个自主的、可持续的共同体的形成,这个共同体可以自发组织起来回应任何新出现的社区议题。

9.2.3 社区营造的推动模式

由于社区营造涵盖的内容多元,且涉及不同部门的多项政策,各个社区的环境、社会条件、面临的问题和社区目标有所差异,又加上

---

① 李永展:《坐标台北的未来——100年社造总盘点暨策略规划》,台北市政府都市发展局委托研究,2012。

社区营造强调社区的自主性与特色，因此社区营造的推动并不推崇统一、标准的模式。此外，从遵从社区营造的理念来说，推动的方式又有其一般规律，这里首先区分台湾在官方的政策层面和具体社区的营造执行层面上常见的推动模式[①]：

1. 政策层面

台湾各部会乃至地方在推进社区营造方面大致遵循如下步骤：

一是定出业务计划："行政院"各部会确定要推动社区营造相关政策时，会在施政项目中定出若干项业务计划，在此基础上制定工作目标、内容并编列预算。

二是进行示范或实验计划，并制定参与计划的申请办法和须知：在计划初期选定几处进行示范或试验，同时安排一部分资金并制定申请办法，开放给其他有兴趣或需求的社区自行申请。

三是举办宣传、研习、展示等活动：为了目标和理念有效传递，以及提升社区居民、专业人士、社区骨干的能力，各部会举办研习营、研讨会或博览会等大规模宣导、经验交流；印制各类宣传品和指引手册供社区索取。

四是结合民间资源，运用学者专家或专业团体：引入和整合宗教团体、企业与民间基金会资源，实现多元资源来源和民间参与；委托学校或学术团体、民间工作者、工作室以及其他专业团队，聚集各方人力和专业性来协助社区。

五是由各部会转移到地方来执行计划：初期1~2年由各部会带动执行，以考察计划执行办法、流程和预期成果等，并通过这一阶段普及理念、形成氛围；随后各部会将预算拨付地方相关单位，由地方当局直接推动计划，从基层做起来落实地方自治和社区营造。地方推动包括理念宣导、整体策略规划、社区营造点推动与辅导、人才培育、行政部门沟通整合、成立推动小组，资源中心、基本法规、组织及行政制度建立、社区营造和县市综合发展计划的互动。

---

① 林清文编《认识社区营造》，台湾"内政部"编印，2006。

2. 社区层面

在社区层面,陈其南等"文建会"政策推手对社区营造的原则、步骤及参与主体有系统的总结,这些操作方式被广泛认同:

一是在实施原则上:(1)要具有总体性、整合性与系统性;(2)公共化——社区自主参与和拥有;(3)人性化——温润、舒爽、健康、安全、干净或感性;(4)美感、品位与格调;(5)创意、想象力与个性;(6)永续经营;(7)营造新的人、新的社会与新的生活价值观。

二是在实施步骤上:(1)社区动员、凝聚共识与爱乡热情——组织化和法人化;(2)提出社区营造的宣言,重新认识地方、发掘资源——学习、研究、参观、调查、讨论、公听;(3)构想、规划、设计与执行;(4)寻找整合专业、行政与企业的人力、物力和财力;(5)经营管理制度与社区宪章的建立;(6)社区之间的资源整合与协作;(7)社区营造是土地开发计划与地方综合发展计划的血与肉。

三是在参与主体上:(1)社区居民与团体是社区营造的主人翁;(2)需要专业工作者——包括社区工作、文史工作、艺术工作、都市计划、建筑景观计划等专业人员;(3)需要行政体系的文化化——文化视野的基准、文化是地方施政的全部;(4)企业的文化化——企业的存在、企业的产品与企业的文化投入;(5)立法者法令规章的配合。

除陈其南等提出的这一套模式外,日本学者宫崎清提出的社区营造步骤也在台湾广受认同,包括:(1)社区营造团队建构;(2)团队分组探讨和确认社区的问题与特色;(3)分组描绘未来社区的愿景;(4)达成愿景共识;(5)从可以实施的事情开始,逐步实践渐进。

此外,从台湾社区营造的实际经验来看,我们还可以将社区层面的营造根据动力来源区分为问题驱动和愿景驱动两种模式。问题驱动主要因为某一个亟待解决的社区问题才引起社造人士的介入以及推动社区居民共同参与,在这样一个问题得到成功解决的基础上居民的参与、合作、互动再逐渐扩展到更广泛的领域。例如台南市金华社区是从争取和共建社区良好街景起步的，随后居民才熟悉和组织起来，拓展到社区环境改造、文化和互助性社会福利方面。愿景驱动则是社造人士出于社造的目的，通过上述一系列步骤有意识地发现社区问题、建构社区愿景，从而进行总体营造的过程。如南投县桃米村在"9·21"大地震后的重建，则是新故乡基金会支持下有意识的总体营造，生态社区的总体愿景是在系统的调查和资源挖掘下得以形成的。

还值得关注的是，台湾的社区营造也强调在城市和乡村应有不同的愿景定位和推动模式。李永展认为，城市社区由于广泛的冷漠、高度匿名性等特质，使得非都市社区的营造经验很难复制，应该在衡量都市生活的独特性及历史角色的基础上发展出城市社区营造的模式[①]。总体来说，城市社区应该有不同的切入议题，并以建构社会资本为目的，有"破冰"、"合作"、"组织"、"创发"这类典型的过程；乡村社区则需要注重"在地性"文化以及社区的产业面向。根据社区的特征，曾旭正将社区营造区分为三大类六小类：（1）都市社区，包括新兴社区和老旧社区；（2）中型乡镇社区，以乡镇为营造单位；（3）农渔村落，包括部落社区、农渔村社区、山区社区。

9.3 非营利组织在社区营造中的角色

社区营造的理念本身就决定这一过程应该是自下而上的、非政府主导的过程，因此社区成员通过社区组织和其他非营利组织的集体参与是社区营造的应有之义。在台湾社区营造中，大量社区组织的形成和社区外部非营利组织的介入是重要的现象和经验，甚至社区营造本身也对台湾第三部门的成长产生了重要影响。

---

① 李永展：《社区组织运作》，王本壮、李丁赞等编著《落地生根：台湾社区营造的理论与实践》，唐山出版社，2014，第82页。

9.3.1 社区营造中第三部门的崛起[①]

台湾社区营造领域的非营利组织大体上包括本地居民组成的社区内组织（如社区发展协会、社区文艺团体、社区产业组织）、专业团体（如各地文史工作室及建筑、规划、环境、社会工作等领域的专业组织，以及学校研究单位）、资源型组织（如各地文教基金会）、支持型组织（如台湾社区培力学会、地方社区营造协会）、平台型组织（如台湾社区营造学会、台湾社造联盟）等几种类型。早期知名的非营利组织如宜兰县仰山文教基金会、花莲新象社区交流协会、台北社区资源交流中心、云林社区希望联盟、台南永续台湾基金会、台南城乡基金会、高雄长谷基金会、台北县文化环境基金会、新竹市文化协会、花莲县牛犁社区交流协会等，逐步发展壮大并形成了台湾社区营造中的第三部门阵营。

一些组织早期发起于环境抗争、邻避等社区运动，并对1994年之后的社区营造运动产生持续的影响。1992年在高雄美浓出现水库建设上的争议，促成美浓爱乡协进会的产生及其主导的反水坝运动。反水坝运动也使社区成员关心和学习家庭生活之外的其他社会事务，随后促成了黄蝶翠谷保育、永安街聚落保存、镇志编撰等一系列行动。在关注的议题扩大后，美浓爱乡协进会意识到社区运动的成功还需要联合其他社区组织、环保团体、公益基金会等资源，才能扭转环境、改变社区成员的生活方式和价值观。所以协进会成员投入到南台湾的工业污染问题，将本地社区营造经验分享给其他地方，如屏东县蓝色东港溪协会、高雄绿色协会等地方民间组织，并协助部分社区进行组织工作。此外，为了宣导社区理念，美浓爱乡协进会在1996~1997年分别承办了全台"社区组织交流工作坊"、"社区总体营造与社会发展青年营"，对整个南台湾的社区营造都产生了启示和推动作用。

文史工作团队也是较早参与社区营造的非营利组织。20世纪90

[①] 1999年"文建会"《台湾社区营造的轨迹》一书对早期的这一过程有完整的梳理，本部分参考了相关内容。

年代初在台湾各地出现的文史工作团队由一批心怀浓浓乡愁的知识分子发起,从软性的文化、文史议题切入社区,具有代表性的文史工作团队包括沪尾文史工作室、三角文史工作室、桃园观音文化工作阵、牛码头文化协会、台南赤崁文史工作室、高雄爱河文化协会等。他们的出现成为台湾重要的文化现象,其乡土社区关怀极大地激活了地方文化景观,为社区营造和社区发展建构了独特的愿景。

社区里的医师、社工师、建筑师、景观设计师、环境规划师、律师、心理咨询师、人类学者、文艺工作者等专业从业人员,因其在社区中具有一定社会地位,也受到社区成员的信任和尊重,往往从各自的专业领域出发逐渐成为社区营造的先行者。这些情况下产生的社区组织往往并不是公共部门政策推动的结果,而是居民自发性的组织行为,而且他们对社区营造有更广层面的关怀,并对营造理念、方式等有较深刻的思考。如回到新港小镇执业的陈锦煌医师,感叹于家乡社区的负面变化,发起新港文教基金会并和故乡义工们共同为家乡奔忙,无怨无悔投入重建新家园之中,成就了台湾社区营造中的最好案例之一。[①] 在社区总体营造理念下,这些组织也学习了如何调整过去由"内政部"社政部门主导的单向社区建设模式,由资源争夺和分配者角色(传统的社区发展协会即如此)转变为触发居民参与社区公共事务的媒介,让居民成为主体,共同学习关心周边事物及讨论对策。

在社区总体营造的推动中,由于社区营造涉及不同学科理论与实务的沟通与融汇,不少社区营造人士倡议成立一个全台性的社区营造组织,希望通过这样的组织来整合不同学科的资源,同时加强站位全台的社区总体营造团体与县市地方社区组织之间的合作关系,让官方的资源信息能够充分有效地与地方交换,达到非营利社区组织的共同发展。

经过上述发展过程,社区营造中的第三部门逐步崛起。2000年以后,随着官方大规模资源的投入,以及官方购买服务方式的运用,

[①] 曾旭正:《台湾的社区营造》,台湾远足文化,2013,第68~83页。

跨社区的各类支持、辅导、协力性的非营利组织进一步成立和成长。如，2004年台湾社区培力学会成立，主要从事社区营造人才培育；2006年，更具草根性、以社区组织为成员的台湾社造联盟成立，连接社区网络，协力推进全台湾社区营造并促进区域整合。同时社区层面的发展协会、文艺团体、环保团队、守望相助组织、福利团体、社区妈妈成长团体、社区读书会，以及农会、渔会等地方性产业社团等也在社区营造的过程中得以培育和发展。这些民间非营利组织的存在对台湾社区营造的持续推动发挥了重要作用，即便台湾在政党轮替下，社区营造政策有所反复，民间的实践力量却能持之以恒。

除了上述组织外，台湾还有两类参与社区营造的组织值得关注，即社区大学和宗教团体。

1998年，台湾教育改革领域人士发起成立"社区大学筹备委员会"（现台湾"社区大学全国促进会"的前身），1998年9月台湾第一所社区大学在台北市文山区诞生。截至2012年统计显示，全台共83所社区大学、16所分校。台湾社区大学大多采取公办民营的方式，由非营利组织负责运营。尽管社区大学是从教育领域推进产生的，但对社区营造也有深刻的影响。社区大学在定位上有公民教育、社区参与的面向，社区组织与民间社团是社区大学的主导力量，社区公共事务参与、社区营造是社区大学重要的课程内容[①]。因此，社区大学为台湾社区营造培育了大量的人才，也在塑造着社区平民的参与文化。

寺庙和教会是地方祭祀、信仰中心，因为祭祀、庆典、传统民俗活动而与社区居民产生密切的互动关系，所以宗教团体在台湾具有很高的动员力和影响力。同时台湾的许多基督教、天主教团体、医院和

[①] 社区大学的诞生是台湾民间教育改革运动的重要结果，事实上在20世纪90年代，无论民间教育改革运动还是社区营造运动，都是80年代街头社会运动的延续，都是运动人士从政治体制变革转向更基础的公民社会培育的努力，在培育公民意识、建构参与文化方面有同样的愿景。见江明修、陈定铭《台湾社区大学的创发与建构公民社会》（二十一世纪双月刊，2001年6月），以及冯朝霖《台湾社区大学的贡献与展望》（http://encounter.org.tw/download/1010319.pdf）。

基金会所推动的工作也常与社区议题有关，如社区养老、儿童、医疗服务等。因此，寻求宗教团体对社区营造理念的认同与支持也是社区营造中的重要策略，不少宗教团体也成为社区营造的重要力量。例如基督教背景的台湾展望会发动教会参与社区总体营造，促成市县内的分支教会共同参与。1998年左右在台北、宜兰、新竹、高雄等地举办"建立社区福音化工程：教会参与社区营造"系列研讨会，随后还出版了《教会参与社区营造手册》，推动具体行动。再如台湾最具规模的宗教公益团体慈济功德会，原本就有感于人际冷漠疏离，曾提出"社区志工"理念，以唤起"敦亲睦邻、守望相助"的社区关系。在1996年台湾贺伯风灾后，慈济文化志业中心呼吁各地慈济人及时动员，自发组织志工群参与社区帮扶、关怀。

鉴于社区议题的多元性特征，社会福利等其他领域内的非营利组织的多元参与成为社区营造的重要特征。

9.3.2 非营利组织在社区营造中的角色

非营利组织在台湾从部会到地方的社区营造场域中广泛成长和参与，成为官方、社区和居民之间重要的媒介。可以将非营利组织在台湾社区营造中的独特角色总结为如下几个方面。

（1）官方资源的整合、优化者。社区总体营造在执行上并非一个官方部门主导，相反，财政资源通过不同的部门从上到下注入社区。在传统自上而下的社区发展模式中，各部门的资源下达缺乏有效整合，社区一下要应付很多行政部门；同时也导致每个社区为了争夺有限资源而强力动员政治网络或民意代表施压，形成弱肉强食、资源重复浪费与社区经费不足的多重问题。在台湾，上述情况造成了社区间的对立，也加剧了畸形的地方派系政治。跨社区非营利组织的出现在一定程度上解决了这一问题。以仰山文教基金会的"宜兰县社区日历"项目为例[①]，该项目旨在挖掘和收集各个社区的文化名片，并

---

① 案例来自黄锦峰《走入社造，走出冲突!?》，台湾"内政部"社造系列丛书，2006。

制作形成一个可以展示的日历。这是由仰山文教基金会策划并申请"行政院"各部门以及地方当局专项经费支持，再由 12 个实际参与的社区共同分享资源、承担责任的社造项目。非营利组织在其中通过联合行动来整合社区需求，又整合了各部门的社造资源，改变了资源的分配方式。同时，对官方来说，基金会的运作成员根植于地方社会人际网络中，可以轻易地建构出由各专业领域组成的执行团队，并且在制定方案和执行中更具弹性，能容纳地方社区和参与者的意见，更利于落实和满足可行性，也避免了地方政治力量介入而造成的损耗。

自 2002 年官方资源通过"新故乡社区营造计划"大量注入地方后，台湾当局及其各地当局越来越多地采取官方购买服务的方式将计划、项目委托给非营利组织，资源分配及使用借助非营利组织的跨社区性、专业性、民间性得以优化。

（2）资源提供者。自社区营造在台湾发轫后，各地产生了很多以家乡、社区为纽带的文教基金会，汇集了大量本地资源来推动社区行动。以新港文教基金会为例，基金会是在林怀民、陈锦煌等人的带头下由新港镇居民捐赠发起，背后有一个非常动人的爱乡故事。新港文教基金会自 1988 年成立以来，不断地汇集社区资源，开展了从文化到环保，再到社区福利关怀等众多项目，不仅仅是资源中心，更是凝聚新港人民爱乡情的精神家园。类似的非营利组织真正体现了社区营造自下而上的理念和社区的自主性，使社区发展的资源来源得以多元化，也使社区成员在资源的使用过程中更具责任感。

（3）社区及社区组织的辅导培力者。从系统自组织理论可以知道，封闭系统是不可能发生自组织变迁的，必须要有外部物质、能量、信息的输入才能激发社区重构的动力。但社区营造自下而上的理念决定了社区协力政策需要不同于其他类型政策的实施模式，决定了官方不能靠自身的行政体系直接介入社区。从这个角度来看，非营利组织在社区营造中的介入是必不可少的，它们以不同于行政体系的执行理念和专业精神来改变社区，尤其在官方的资源注入过程中发挥辅导和人才培育作用，通过对社区干部、社区组织、社区居民进行知识和方法的传授来改变其行为模式，激发社区活力。以台湾社造联盟、台湾社区培力协会为例，它们所掌握的理念、实操经验是官方不掌握而社区必需的。

（4）社区营造运动的稳定器。正如台湾社造届一位资深人士所说，"我们不能把台湾社区营造等同于社区营造政策，台湾社区营造在民间"，尽管政党轮替带来领导人的不同重视程度和社区营造政策变迁，但在实践层面上的社区营造并没有因此而停歇或受到本质影响。社区营造是一场造文化、造社会、造人的运动，这一过程必然是漫长的，需经几十年的努力才可以达成。以非营利组织为代表的民间社区营造网络的价值坚守扮演了社区营造运动稳定器的角色，笔者认为这恰恰是非营利组织在台湾社区营造中最重要的价值。

9.4 台湾社区营造对大陆的启示

过去几年来，随着大陆社区建设的不断深入，出于基层治理在文化基因等方面的相似性，台湾社区营造的经验越来越受到大陆同行的关注，福建、广深、北京等地与台湾的相关交流活动也越来越多。在这些交流过程中，大陆总体上出于学习的取向，对台湾社区营造中的经典案例怀有深深的敬意。尽管目前还没有关于社区营造影响台湾社会的系统性评估，但社区营造对台湾家园意识重建以及公民意识发育的影响是不可否认的。与此同时，学习经验也不能流于对个别案例的理解，而要对照台湾与大陆政治社会变迁的宏观背景，看到哪些是能学来的经验、哪些是学不来的经验，以及存在哪些局限。本章从两方面来看台湾经验对大陆的启示，一是推动社区营造的条件与路径，二是社区营造中非营利组织作用的发挥。

9.4.1 关于社区营造的条件与路径

首先，台湾社区营造的蓬勃发展是基于特定的政治及社会背景，大陆社区建设也必须根植于自身的转型动力和话语。如9.1节所述，台湾社区营造背后是培育公民意识，是社会运动从街头政治转向社区深耕的过程，也是在特定的外部环境下追求本土认同和文化在地化的过程，因此凝聚了广泛的社会共识并得到台湾党政高层的直接支持和强力推进。可以说，政治体制改革是台湾社区营造理念产生的基础和前奏，自下而上和公民社会培育是台湾社区营造的核心话语。显然在这一点上大陆是不应该照搬的。我们社区建设面临的环境和条件显然不同，必须要厘清我们为什么要推动社区重建，并建构符合自身特征的目标定位和本土话语体系。大陆的社区建设和社区治理创新的目标是包括秩序、民生、参与在内的多面向的社会实践，一方面社区重建要符合现实可行性，不能活在想象中；另一方面还需更集中、更具动员力的目标定位和话语来凝聚共识，推动全社会的参与。

其次，社区协力政策体系以及在此基础上对行政文化、行政策略进行重塑值得大陆借鉴。社区营造理念的推动者有意识地建构了一套社区协力政策体系，并在执行过程中投入大量精力通过辅导、培训、研讨等形式将新的"协力"概念和行政手段同步传递到地方当局，从而保障自下而上、社区居民广泛参与的理念为基层干部所用。反观大陆当下社区治理创新实践，中央的政策理念往往很先进，但一到地方就回到传统行政习惯的老路上，一些地方并未领会这类创新的不同之处，依然在追求政绩的思路下暴露出短视化、用力过猛的问题，过度介入社区建设而不是从理念、文化层面进行深耕。因此大陆也要鲜明地区分协力政策，并使资源下拨过程与理念传导同步进行。

再次，变革官方向社区注入资源的方式是台湾社区营造的重要经验。台湾社区协力政策的核心是将官方自上而下分配的资源注入方式改变为官方设定资金方向、社区根据实际需求形成提案进行申请的方式。这种方式极大地提升了资源利用效率，并增强了社区在自身公共事务方面的主体性和参与积极性，形成了自下而上的社区建设动力模式。正是从社区营造的尝试开端，台湾才慢慢发展出"参与式预算"，给财政体制带来革命性变化。

最后，台湾社区营造得益于多元主体的协力介入。来自高校的学者和学生、研究机构的专业人士、非营利组织的社会活动家，以及从城市返乡的爱乡人士……这些多元力量的介入极大地改变了传统社区发展思路下官方主导、孤军介入的格局，为乡村乃至都市社区注入了源源不断的新思想和人才，翻动了人际疏离、死气沉沉的社区土壤，最终激发社区活力。大陆的社区发展要取得广泛的影响也必须鼓励高校学生、学者真正地参与实践，带去新思想，鼓励城市人寻根返乡、反哺乡村并创造新就业机会，为乡村发展带回资源和人力。

9.4.2 关于发挥非营利组织的作用

首先是要建构跨专业的非营利组织网络，共同致力于社区建设。社区议题的多元性、社区重建问题的整体性要求相关的专业领域必须连接起来，相关领域的非营利组织联合起来，共享理念、整合资源、相互支撑、相互启发，才能发挥集合效应。台湾社区营造正是经由台湾社区营造学会及类似的跨专业团体，不但凝聚了社区营造需要的各类专业资源，更是将社区营造理念扩散到所有相关的专业领域，使不同领域的专业人士在基层社区建设的操作实务中共享理念，从而使人、文、地、产、景的各项建设都产生促进社区参与、激发社区活力的合力。

其次，台湾社区营造界支持型组织的大量发展并由此形成完整的非营利组织生态值得我们借鉴。如前文所述，台湾社区营造的主体中包含了各种类型、相互支持的非营利组织，例如除了社区内组织直接着力社区营造实践外，社区培力组织为社区提供能力建设和人力支持，各地基金会提供资源来源，社区营造学会、社造联盟等平台、网络型组织创造行业内的标准和公共知识，并协调各地非营利组织整体行动。大陆社区建设在支持型组织方面整体欠缺，由此尚未形成一个在社会内部相互支撑的体系，造成基层组织极度地依赖官方或缺少章法。

再次是要学习台湾当局与非营利组织的合作模式。包括官方与非营利组织共享价值、平等协作的关系，以及官方购买非营利组织服务的合作模式、社区居民通过非营利组织进行"参与式预算"的机制等。例如台湾各地社区营造中心几乎都委托给非营利组织运作，从而更容易符合当地社区的实际需求；各官方部门将一些官方计划、项目也交由非营利组织来实施和评估，像台湾社造学会这一类的组织甚至接受委托成立了官方"新故乡社区营造计划"的推动办公室。这些合作模式不但使资源效率提高，还激活了社会力。

最后，要关注和学习一些特定类型非营利组织的建立或吸纳经验。例如台湾社区大学在社区建设中扮演了重要角色，大陆也可以进行相关鼓励和尝试，其可能会是重要的、影响深远的创新点；宗教、社会福利等领域的非营利组织也要吸引到社区建设中来，并与它们共享社区营造自下而上、造社会、造人的理念。

无论如何，社区营造是一个长期的过程，借鉴台湾经验必须深刻地认识到社区营造在本土背景下的价值，从而凝聚共识并形成强劲的动力和广泛、可持续的组织体系、资源体系。这既是大陆非营利组织的机遇，也是使命和责任。

参考文献

[1] 王本壮、李丁赞等编著《落地生根：台湾社区营造的理论与实践》，唐山出版社，2014。

[2] 萧新煌、何明修：《台湾全志·卷九·社会志·社会运动篇》，"国史馆"台湾文献馆，2006。

[3] 陈其南：《公民国家意识与台湾政治发展》，台北允晨，1992。

[4] 林清文编《认识社区营造》，台湾"内政部"编印，2006。

[5] 李永展：《坐标台北的未来——100年社造总盘点暨策略规划》，台北市政府都市发展局委托研究，2012。

[6] 黄锦峰：《走入社造，走出冲突!?》，台湾"内政部"社造系列丛书，2006。

图书在版编目（CIP）数据

台湾非营利组织 / 王名等编著. －－北京：社会科学文献出版社，2020.9
　ISBN 978－7－5201－6397－2

　Ⅰ.①台⋯　Ⅱ.①王⋯　Ⅲ.①非营利组织－概况－台湾　Ⅳ.①D675.8

中国版本图书馆 CIP 数据核字（2020）第 040561 号

台湾非营利组织

编　　著 / 王　名　李　勇　黄浩明　廖　鸿

出 版 人 / 谢寿光
组稿编辑 / 刘骁军
责任编辑 / 关晶焱　舒燕玲

出　　版 / 社会科学文献出版社・集刊分社（010）59367161
　　　　　　地址：北京市北三环中路甲 29 号院华龙大厦　邮编：100029
　　　　　　网址：www.ssap.com.cn
发　　行 / 市场营销中心（010）59367081　59367083
印　　装 / 三河市尚艺印装有限公司

规　　格 / 开　本：787mm × 1092mm　1/16
　　　　　　印　张：12.5　字　数：180 千字
版　　次 / 2020 年 9 月第 1 版　2020 年 9 月第 1 次印刷
书　　号 / ISBN 978－7－5201－6397－2
定　　价 / 98.00 元

本书如有印装质量问题，请与读者服务中心（010－59367028）联系

▲ 版权所有 翻印必究